「失敗」の日本史

本郷和人
東京大学史料編纂所教授

719
中公新書ラクレ

はじめに

戦後の歴史学は長く唯物史観の影響を受けていた。そのため「歴史にもしもはない」というのが常識であり、歴史学はそうしたことを考える必要はないのだ、とされてきた。

たしかにその時々に於ける生産構造は人間一人の判断や努力では簡単に変えられないものであるから、生産構造を基礎とする上部の変遷は「もしも」では本質的には変化しないという見方に私も賛成する。

ただし、上部構造内部での置換という意味ではどうだろうか。たとえば極めて単純なことを言うと、徳川家康があれほどの長寿を保つことなく、当時の戦国武将のように50歳前後で病死していたら、豊臣秀吉は徳川家になにも干渉していなかっただろうか。そうは思えない。

謀反などをでっち上げて滅ぼすまではなくても、他の大名（丹羽家や蒲生家）にしたように、領地を大幅に削ることはあっただろう。すると、後年の江戸幕府はなかったのではないか。

「もしも」を考えていいのだとすると、ついで、問題になるのは、歴史上の人物の「失敗」である。あのとき彼がこう判断しなければ、こういう決断をしていれば。大きな歴史の動きは変わらないとしても、確実に高校の教科書レベルで、歴史が変わっていたことは間違いない。

本書の試みとしては、歴史上の失敗を取り上げることで、その時代の特徴を分析しながら、なぜそれが失敗だったのかをあきらかにする。そしてもし失敗がなかったら、歴史はこう変わっていたかもしれないと推測する。

子どもたちの歴史嫌いが言われて久しい。それは学校での歴史が、暗記教科であるからである。そこに物語があれば、絶対に事情は変わってくるはず、と私は確信している。歴史学を唯物史観から解放する、歴史に物語を取り戻す、という大きなテーマの中で、歴史における「失敗」を考察していこう。

目次

本文DTP／市川真樹子

「失敗」の日本史

第一章　鎌倉時代の失敗

平清盛の失敗

清盛が京都に権力の足場を求めた理由

なぜ平清盛は京都に権力の足場を求めたのか。この問いを考えることは、朝廷と武士、つまり先行する貴族の政権と武士の政権の関係に焦点をあてることになります。

平清盛は1159年に起こった「平治の乱」で勝利します。「平治の乱」では源頼朝の父、義朝がクーデターを起こすのですが、清盛が鎮圧し、朝廷に安寧を取り戻した。

このときに貴族は「結局のところ武力がなければ、いざというときに朝廷の平和を保つことができない」という現実を思い知ったのです。そして貴族たちは、「朝廷がその存在を守り繁栄するために、武士たちを自分たちの仲間に引き込むしかない」と認めざるを得なくなりました。

「平治の乱」以前の武士はどれほどがんばっても地方官以上にはなれなかった。地方官のトップは国司。現代で言えば県知事。つまり、どこかの国の守《かみ》になる。たとえば清盛は功績を重ね、地方官としてどんどん出世していきますが、最終的に播磨守《はりまのかみ》になりました。

これはトリビアになりますが、当時、国司の中で一番格が高いと見られていたのが播磨守なのです。播磨といえば現代の兵庫県ですが、このランキングは律令の規定とはまた異なります。律令では国を4つの分類にわけて、AからDまでのランクに定めているのですが、それはあくまで律令がつくられた当時のもの。清盛の時代の常識としては、播磨守が一番上と見られていました。しかし清盛は、その播磨守まで上り詰めた後も功績を積んでしまったのですが、それでも貴族たちは、清盛を中央に迎え入れることはしなかった。

あいつは武士だ。いやしい武士を中央のポストに就けるわけにはいかない。そこで貴族たちは苦肉の策で、清盛を大宰府の長官に任じます。大宰大弐《だざいのだいに》という職ですが、これはつまり九州全体を統括する長官になります。

ところがそこで「平治の乱」が起こり、貴族は「武士の力なしには朝廷の秩序を守ることができない」と思い知った。そこでついに清盛を中央に迎え入れようということになり、彼は中央貴族として出世を遂げていくことになります。

その後の彼はかなりのスピード出世を果たし、中納言、大納言、そして内大臣と、どんどん偉くなっていく。内大臣になってからは一足飛びに太政大臣となります。当時の朝廷の一番高い官職は、もちろん太政大臣ですから、清盛は貴族として最高の出世を果たしたわけです。清盛の出世と同時に、彼の家族たちや親戚たち、平家一門もみな高いポストを手に入れて「平家にあらずんば人にあらず」という、平家全盛の世の中がやってくることになります。

しかし、これは言ってしまえば平家が貴族として出世し、藤原氏にとって代わっただけのこと。「武士の政権が誕生した」というわけではなかった。

清盛が本当に武家政権を確立したのは、1179年の11月のこと。ことごとく平家に対立する後白河上皇に対し、ついに堪忍袋の緒が切れた清盛は軍勢を率いて京都に乱入。上皇を固縛し、幽閉してしまう。つまり政治的な死を後白河上皇に与え、政治の実権を握った。そしてこのときに初めて「武士による政権」というものが生まれました。

しかし1179年の11月というと、そのすぐあとに以仁王《もちひとおう》の挙兵があり、以仁王が全国の武士に呼びかけた時期。実際、源頼朝が立ち上がったのは、清盛のクーデターからわずか一年後の1180年であり、源平の戦いが全国に広がる中、清盛は病死し、平家は滅びることになります。

清盛はどこで失敗したのか

では清盛はどこで失敗したのか？

清盛と平家のあり方を20年にわたって、伊豆の蛭ヶ小島《ひるがこじま》からずっと見ていた人物がいます。源頼朝ですね。彼が清盛を見つめて出した答えは「京都からは距離をおく」ということだったと僕は思います。

頼朝自身は13歳まで京都で暮らした。だから彼は精神の形成期を京都で過ごした都人なのです。にもかかわらず頼朝は頑として京都に行かなかった。鎌倉で政権をつくることに成功したあとも、たった2回しか京都に行っていない。

彼がいた鎌倉が非常に暮らしやすい土地だったのならまだわかりますが、当時の鎌倉はどう考えてもインフラの整備が進んでいなかった。現代の感覚でいえば僻地です。

しかし、それでも頼朝は、鎌倉から動こうとしなかった。これは、頼朝が「清盛の失敗は京都から離れなかったところにあると見ていた」ということの証左だと思います。

清盛の代ではまだ平家は武士だった。しかし彼の子、孫の世代になると貴族化してしまう。たとえば清盛の長男である重盛、さらにその長男の維盛《これもり》という人がいます。この人は軍事的にはまったく見るべきところがない。戦いに出ると、とにかく逃げることしか考えない。あげくの果てに戦いは嫌だといって平家の陣から姿をくらまし、熊野で入水自殺をはかってしまう。

武士としてはどうしようもない人物ですが、しかし彼は「今光源氏」と呼ばれるような美男で、貴族社会では貴公子で通っていた。和歌も詠む音楽のセンスもあるということで、貴族としては抜群に才能のある人でした。人間とは面白いもので、二世代40年もたてば、武士が貴族の振る舞いを習得することもできるわけですね。しかし戦士としては、とてもじゃないが、通用しなくなってしまう。

ただ、清盛自身も途中で、あまりに京都に近いと貴族に取り込まれてしまうということに気がついたらしい。今でいえば神戸にあたる福原に、自分の拠点をつくり、そこで生活するようになります。もし、もう少し早くから福原に移っていれば、平家の武士としての独自性のようなものを、保ち続けることができたかもしれない。

たとえば神戸大学名誉教授の髙橋昌明先生は、福原移転を高く評価しています。実際、当時の清盛は全国の武士を従者として従えていたわけです。つまり、全国の武士を自分の家来としてまとめていた。その彼が福原に拠点を持ったということは、「これはもしかしたら鎌倉幕府に先行する福原幕府というものを考えていたのかもしれない」と、僕も思うほどです。

しかしあまりにも短期間に終わってしまったために、福原における武家政権は成熟する時間を持つことができなかった。結局、貴族化した平家が、言ってしまえば関東の〝鬼〟のような武士と戦うことになるわけです。それは会社勤めのエリートサラリーマンと、日々ケンカにあけくれるヤンキーがリング上で殴りあうようなもので、とても勝てるはずはなかった。やはりそうした意味で言うと、清盛の失敗は京都に取り込まれてしまったこと。京都の魔力に取り込まれてしまったということになるのでしょう。

しかしそれは無理もないことでした。清盛は非常に広い視野を持ち、日宋貿易にも従事していたように先が見える人でしたが、だからと言っても、〝脱京都〟まで視野に入れることは無理だったのかもしれない。それは当時、先行する権力と言えば朝廷であり、そこで出世することこそが、武士のステータスを上げることにほかならなかったからです。

日本史上、最初に貴族の政権に反逆した武士として平将門が挙げられます。しかし彼の政権は、ほとんどパロディのようなもので、一応関東で新しい天皇、新皇《しんのう》と名乗って反逆しますが、すぐに潰されてしまいます。

整理すれば、将門の反乱から長い年月がたったあとに、ようやく平清盛が現れて、朝廷の中で出世することができた。しかしそのあり方に、朝廷に取り込まれる危険性を見た頼朝は、同時に地理的に朝廷に近づくのは危ういと考えた。そのため武士の政権を地政学的に京都から離れた鎌倉に置こうとし、鎌倉幕府が生まれる。

言わば、「武士というものはまだ、朝廷に近づくと独自性を保つことができなくなる」という消極的な理由で、鎌倉が選ばれたわけです。

なお、その点を克服したのが足利尊氏で、彼に至っては「武家政権はそれなりに力をたくわえた。今ならば朝廷と直接対峙しても負けることはない」ということで、京都へ本拠を移した。それでむしろ朝廷のほうが骨抜きになり、幕府の中に吸収され、室町王権というものが確立されていく。

その発展形態として信長政権、秀吉の豊臣政権のように西、畿内での政権が生まれるわけですが、やがて家康がもう一度、西から離れる判断をする。言ってしまえばもはや朝廷から得るものがなくなった状況で、鎌倉幕府と同じように距離をおいた。

このように歴史をふりかえってみると「清盛の失敗」とはいっても、失敗と呼ぶのは少し気の毒だなという気もします。「武士が貴族として出世することで、なにが起こるか」ということを誰かが一度やって見せる必要があった。政権の距離感、朝廷と幕府の関係が、清盛が失敗することで初めて明らかになったのです。

世の中には避けられない運命もある

しかし、もし清盛がもっと早くクーデターを起こし、京都のしがらみをふりきって福原に移り、武士の政権を打ち出していたら？

当然、朝廷側からの反撃も相当強烈なものがあったでしょうから、それに耐えられるかどうかはまずひとつ大きな問題ですね。

もうひとつ大きな問題としては、もし福原に本拠を置いたとしたら、味方としてはせ参じてくる武士は、西国の武士になるでしょう。しかし西国の武士は比較的、エリートです。つまり、朝廷に対してもさほど不満を持っていない。

関東のように遠い土地の武士たちは、言わば見捨てられた境遇として不満を抱いている。だから朝廷と一戦交えようというほどの気持ちがあるわけです。しかし西は違う。

そうするとやはり清盛にはどうやっても、あまり成功するビジョンが見えてこない。その意味で清盛は、失敗すべくして失敗したと言えるのかもしれません。ファーストペンギンの悲劇ですね。

下手をすれば、以仁王の挙兵のように、朝廷が東国の武士たちに福原の清盛を討つように呼びかけたかもしれない。そうするとやはり東から武士のリーダーが生まれた可能性がある。どうやっても平家は滅びる運命だったのかもしれません。

源義経の失敗

なぜ〝軍事的天才〟は追討を受けたのか

源義経の失敗。なぜこの稀代の軍事的天才は、兄から追討を受けることになってしまったのでしょうか？

ご存じのように1185年、平家は壇ノ浦で滅びます。そのときに大きな働きを示したのが源義経であったことは言うまでもない。

源義経は「奇襲戦」を軍事に持ち込んだ人です。それまでは必ず、お互いに面と向かって「やあやあ、我こそは」と名乗りをあげて、正々堂々戦うことが普通だった。武士たちも自分はこういうものである、ということをわざわざ名乗り、そうして「俺たちは命を懸けて戦うにふさわしい両者である」ということを理解し合ったうえで戦っていたのです。

しかし義経は、そんな名乗りなんて上げず、いきなり襲いかかる。そういう意味で言うとならずものの戦法というか、行儀の悪い戦法をあえて取り入れ、それで次から次へと戦いに勝利するわけです。

そうした義経ですが、彼が源氏にとって大変な功労者であることは間違いない。戦争のやり方を根本から変えてしまったという意味で言うと、武士社会の功労者でもあります。しかし、その彼がなぜ頼朝の怒りを買ってしまったのでしょうか。

ひとつは、義経があまりにも政治的に幼稚だったから。義経は軍事的には非常に有能でした。兄の頼朝にしてみれば、自分にとって代わられるリスクがありますから、そのように有能な弟は、なにも瑕疵《かし》がなくとも、なるべくだったら排除したい。「自分が政権の座にいるために、義経を排除する」。これは政治的には当たり前の考え方です。

頼朝にしてみれば、義経がヘマをしでかすことを待っていた。もしなにもないのに殺してしまうと、家来たちに「うちの頼朝さんは、肝っ玉の小さいやつだ。これでは俺たちも安心して仕えることはできないな」と思われてしまう。だからさすがに意味もなく殺すわけにはいかず、義経がヘマをするのを待っている状況だったわけです。

そうしたら義経がまんまとやらかしてしまった。なにをやらかしたかというと、後白河上皇から官位、官職をもらってしまったのです。

それは位階で言うと五位、官職では検非違使尉《けびいしのじょう》。警察の高級官僚というようなところですね。トップではないが、警視庁の中の偉い人。キャリアの高級警察官僚というような位置づけです。

それで彼のことを判官《ほうがん》と呼ぶわけです。「判官びいき」の判官の語源ですが、検非違使の長官は「かみ」、次官は「すけ」、3番めの「じょう」＝尉が判官と呼ばれるのですね。ちなみにさらに次は主典《さかん》。一方、五位は大夫《たゆう》と呼ばれます。つまり義経は大夫判官《たゆうほうがん》という官職をもらったわけです。

しかし、これがまずかった。当時の頼朝が、なにを構想していたかというと主従制。主従制とは主人と従者の関係。これを構築することが彼にとっての最大の課題だった。

「主人と従者という意味なら、平安時代における朝廷の天皇と貴族の関係も主従では」などと思われたかもしれません。武家の主従制のどこがオリジナルかというと、それは「命懸け」にあった。主人が従者に御恩を与える。従者は主人のために奉公をする。これが主従関係の基本ですが、武家の場合は、その主人に従う際に命懸けの奉公を行うことになるのです。具体的にいえば、戦争に出て、命を投げ出すことになる。

ここはよく勘違いされるところですが、戦場に出て敵の首《しるし》を取るなどして手柄を立てる、ということが奉公ではないのです。そうではなく、将軍の馬前で、つまり将軍が見ているところで討ち死にを遂げる。それでいい。手柄を立てることではなく、自分の身を犠牲にして、献身的な振る舞いをすることだけで、それで十分に命懸けの奉公として数えられることになります。

それをやってくれると、たとえば源頼朝のような「主人」は、その死んだ武士の、残された家族などが所属する「家」にごほうびを与えて報いる。具体的には土地を与えることになるわけです。そうしたかたちで築き上げられたものが武士の主従制。この関係が全国の武士と頼朝との間に設定されることによって、頼朝は武家社会のトップ、将軍として君臨することが可能になる。

しかし、本来この主従制は、必ずしも頼朝とだけ結ぶ必要はない。たとえば平清盛と結んでもいい。だからこそ頼朝は、自分だけがトップに立つために平家を滅ぼしたわけです。平家だけではなく、関東においては源氏の名門として自分の対抗馬になり得る常陸《ひたち》（今の茨城県）の佐竹を滅ぼし、また、どうも自分に対して従属する姿勢を見せない上野《こうずけ》（今の群馬県）の新田をたたく。実際、このあと新田は鎌倉時代を通じて冷やめしを食わされることになります。

自分と立場が変わることができる存在を滅ぼすか、屈服させるかして、全国の武士との間に主従制を設定していく。そうした事業を頼朝は行っていたのです。

武士は土地と官職を欲する

そのときにごほうびになるものは、先に述べたように土地です。なんと言っても武士にとって土地が最高のごほうび。というのは、土地は不動産というぐらいで、品物や物品のような動産ではないわけです。動産は、いつかは必ず壊れて、失われる。ところが不動産は手当てさえきちんと行えば、ずっと実りを約束してくれる永遠の財産。だから土地は最高のほうびになる。

ところが実はもうひとつ、土地と並ぶぐらい武士にとっては欲しいものがあった。それが官職です。

なぜそこまで官職が欲しいかというと、現代の政治家が勲章を欲しがるのと同じようなものということもあるでしょう。しかしそれよりも、自分という存在を自分も認め、他のみんなにも認めてもらうためには、官職というものが一番、手っ取り早かった。自分のレゾンデートル、存在理由になるものが官職だった。

だから朝廷から官職をもらうと、彼らはそれをとても大切に名乗ります。たとえば義経のように検非違使の判官をいただいたら、大夫判官と名乗る。しかも父親が判官であれば、その息子たちは、長男であれば判官太郎を名乗り、次男は判官次郎を名乗る。父親が伊予守《いよのかみ》になったとしたら、長男は伊予太郎であり、次男は伊予次郎。また伊予太郎が将来的に成熟して、朝廷からまた新たに官職をもらったら、もはや伊予太郎ではなく、自分のもらった官職を名乗ることになる。そんな慣習になっていた。

これは武家社会において、江戸時代までずっと続いていくことになります。だから、たとえば勝海舟であれば安房守《あわのかみ》に任命されると、勝安房《かつあわ》と名乗る。誰も「海舟さん」とか、さらに言えば彼には義邦《よしくに》という立派な名前があるのですが、それでは呼ばれない。

自分と、いただいた官職はイコールの存在なのですね。そこのところに注目して、大河ドラマで取り入れた作品が『真田丸』です。それまでの大河ドラマでは、たとえば真田幸村の父親の昌幸を、「昌幸殿」と呼んでいた。昌幸だけではなく、みな「家康殿」「信長殿」「秀吉殿」と呼んでいたのですが、『真田丸』ではこれをやめ、昌幸のような安房守は「安房殿」、劇中では信繁ですが、真田幸村が左衛門佐《さえもんのすけ》をもらうと「左衛門佐殿」と呼ばれる。石田三成であれば治部少輔《じぶしょうゆう》殿。ただこれは読み癖があって「ゆう」は読まず「じぶのしょう」となりますが。

そのように、武士にとってまさに自分を表現するものが官職でした。だからこそ官職は、土地を与えられるのと同じほど、家来として命懸けで仕えることに値するごほうびだったのです。

頼朝が、これを嫌がった理由もそこにあります。つまり頼朝にしてみればせっかく自分の家来として組織した武士が、朝廷から官職をもらうことで、朝廷にも忠誠を尽くすことになる。つまり、主人をふたり持つことになります。そうなると、武士の秩序をつくるという頼朝の構想が崩れてしまう。それは絶対ダメ、主人はあくまで一人であるべきだというのが頼朝の立場です。そこで頼朝が考えた方針が、「官職が欲しければ、俺に言ってこい。俺がまとめて朝廷と交渉して官職をもらってきてやる」でした。

武士が官職をもらうときには、必ず頼朝を通すことになるという状況を頼朝は作ったわけです。ところが最初に自分の弟が背いて、頼朝に断りもなく、大夫判官の官職をもらってしまった。

どうも義経本人は、鎌倉幕府の大人の事情というものを、まったく理解してなかったらしい。むしろ後白河上皇から立派な官職をもらったら源氏一門のほまれになる。兄も喜んでくれるだろうと考えていたらしいのですが、その兄は激怒するわけです。

面白いことにこのとき、義経だけではなく、ほかの関東の御家人も、たくさん後白河上皇から官職をもらっていた。これは『吾妻鏡《あずまかがみ》』に書かれているのですが、頼朝は彼ら一人ひとりを、「おまえのように変な顔のやつは、その官職に似合わない」とか「おまえはイタチみたいな顔だ」とか、罵倒している。そして彼らに「墨俣《すのまた》から東に帰ってくるな」と言い渡した。これは、「おまえたちは後白河上皇から官職をもらったのだから、後白河上皇にお仕えしろ。そして墨俣から東は俺のテリトリーだから、もしこちらに帰ってきたらおまえらの首を切るぞ」ということ。

ずいぶんと狭量な姿勢に見えますが、そうではないのです。勝手に朝廷から官位をもらうようなことがあると、武士社会の秩序である主従が崩れてしまう。それは頼朝にとって、彼の構想の根本からゆるがす、決して許すことのできない行為だったのです。

主従制の重みを理解するべきだった義経

頼朝が築いた主従制は、武家社会では極めて重要な原理原則になり、これは江戸時代までずっと繋がっていく。

主人が武士として従えることと、土地を与えることとは、不即不離の関係になる。これを考えると、江戸幕府が成立したのはいつなのかという問いにも繋がります。

主従制の原理原則からすれば、当然1603年に行われた家康の征夷大将軍任命ではない。実態を考えるのであれば、それは1600年の「関ヶ原の戦い」のあとということになる。

戦後、徳川家康は全国の大名たちに対して「おまえは敵に回ったから領地没収」「おまえは手柄を立てたから領地をあげよう」「おまえは中立だったが、俺に頭を下げたから、今までのとおり大名として残ることを許す」と振る舞った。こうした戦後処理によって家康は、豊臣秀吉の家来だった武士たちを、すべて徳川の家来として再編成したわけです。

「将軍」という肩書が宣下されたことは、本質ではない。要するに武家社会のトップであれば、名前はなんでもいいのです。だから秀吉の場合「関白様」であり、信長の場合は「右府《うふ》様」、「右大臣様」ということになっていた。

実態として見ると、すべての武士のトップになったのは官職をもらった1603年ではなくて、既に1600年の時点で実質的に幕府が発足していたと考えるべきだし、近年、よく言われている公儀二重体制——1615年に「大坂の陣」で豊臣家が滅びるまでは江戸と大坂に公儀がふたつあったという説もありますが、現実を見れば大坂の豊臣秀頼は、全国の大名の主人ではもはやなかった。たしかに、豊臣秀吉の息子ということで敬意は払われていたし、必ず挨拶には行く。しかしそれは家来ではない。なぜなら秀頼からは、土地をもらっていないからです。

土地をもらっていないということは、「大坂の陣」のときに豊臣方について戦う義務もないということです。実際に「大坂の陣」では、江戸幕府に対して従わなかった大名はほぼいなかったわけですから。

そうした歴史を考えると、やはり主従制というものは武士にとって非常に重いものだった。逆に言うと、日本社会はずっと平等ではなかった。主人がいて従者がいる、そうした世の中だったということが言えます。主従制がなくなった明治時代になって、初めて日本人は平等というものを獲得したのでしょう。

この主従制の重みを、義経は理解していなかった。それが結局、彼の身を滅ぼしてしまう。主従の関係は大切だと、当時既にみな思っていたのです。義経は後白河上皇から、「頼朝を討て」という命令書をもらうのですが、しかし「俺はこういう命令をもらっている。だから、俺と一緒に頼朝殿を討とう」と言っても、家来たちは誰も味方をしなかった。やはり家来たちにしても「義経殿が悪いよな」と考えていたのでしょう。

逆にもし義経が兄の考えをよく理解していて、後白河上皇が官職をくれると言っても「いや、兄の方針に反しますので結構です」と断っていたら？

これは頼朝にしてみると、ライバルを排除する口実を失ってしまうことになります。義経が「兄貴、俺はがんばったよ」といって鎌倉に帰ってくると「おお、よくやった」という話にはなったことでしょう。

しかしその後は結局、うかつにはしゃぐと、その途端に殺される、というつらい立場を抱えて生きることになったでしょうね。実際に、もう一人の弟、範頼も殺されています。もし生き残ったとしても、目立たないよう地味に「歴史的にどうでもいい人」として、暮らすことになったでしょう。

それで義経自身は畳の上で死ぬこともできたでしょうが、それでは歴史はまったく動かず、英雄伝説が語り継がれることもなかったかもしれませんね。

源頼朝の失敗

なぜ源氏はたった三代で滅びたのか

なぜ源氏は頼朝、頼家、実朝の三代で滅びてしまったのでしょうか？　このことを考えるなら、頼朝本人が失敗したわけではないのですが、彼が、自分自身と将軍の歴史における役割をどのように考えていたのか、という点が焦点になってきます。

頼朝は病気で亡くなります。その跡を継いだ二代頼家は、政争の果てに将軍の地位を剝奪されて、伊豆の修善寺に押し込められる。そして暗殺されます。三代目の実朝は、兄の失脚を受けて将軍になりますが、彼もやがて鶴岡八幡宮で暗殺されてしまいました。

なぜ頼家は失脚したのか。なぜ実朝は殺されたのか。

頼家の場合は、恐らく北条氏にとって彼の存在が邪魔だった。言ってしまえば単なる北条氏の都合であり、もし違う勢力が権力を握っていれば、頼家が将軍のままで問題なかったかもしれない。しかし実朝が殺された理由としては、頼朝のところで述べた「京都との距離」という武士の政権の根幹に関わる問題がありました。つまり彼は、京都と近くなり過ぎてしまったのかもしれません。

実朝という人は、京都の後鳥羽上皇に個人的に忠誠を誓っていた。そして京都のお姫様を奥さんにもらっている。そのお姫様の姉は後鳥羽上皇の寵愛を受けていた女性で、上皇にしてみれば、自分が愛している女性の妹を実朝に嫁がせたわけで、それは相当に配慮した婚姻だったことになります。

また実朝は、和歌が大好きだったのですが、その添削を当代随一の歌人である藤原定家に頼んでいました。さらに後鳥羽上皇に「鎌倉の田舎だと勉強ができない」とお願いすると「わかった、わかった。じゃあ、家庭教師を派遣してやろう」ということで、源仲章《みなもとのなかあきら》という、学者ではないのですが、非常に勉強のできる貴族をわざわざ鎌倉に派遣してくれました。

しかも、これは当然そうなってしまうのですが、源仲章は将軍の単なる勉強の師であるだけでなく、鎌倉幕府の運営についてもいろんな意見を出し、政治的に非常に重い役割を果たすようになる。

そのようになると、武士たちの間に「実朝さんは、本当に俺たち鎌倉側の仲間なのか？平家政権と同じで、京都に近過ぎやしないか？」という空気が広がるわけです。結果、そんなトップは要らないということで暗殺されてしまったのでは、などと僕は考えています。

実際の実朝の暗殺劇では、公暁《くぎょう》という人が実行犯だった。彼の背後に誰がいたのかというと、いろんな説がある。しかし僕は要するに「実朝退場は、鎌倉御家人社会の総意だった」のだと思います。

みんなが「あんなリーダーは要らない」と感じていた。だから実朝が死んだあと、公暁一人を殺してしまえば話は終わり。幕府も、公暁の背後に誰がいたのかというような、野暮な捜索はまったくしない。みんなで「いなくなってよかった」で終わりにしてしまった。

では逆説的に「どうすれば殺されなかったか」と考えると、父の頼朝の場合は、鎌倉で武士の政権を発足させた後も、たった2回しか京都に行っていない。やはり、京都に近づかないということが非常に重要だったし、実際に頼朝はそれを、しっかりと守っていたのです。

頼朝が自分の立場をどのように考えていたか。彼自身の発言があります。

鎌倉には上総広常《かずさひろつね》という御家人がいました。この人はもっとも重要な御家人の一人で、頼朝が成功するために決定的な役割を果たした人物です。

挙兵後、頼朝は家来がまだほとんどいない状況でぼろ負けに負けて、船で海上に脱出し、房総半島に逃れた。その頼朝のところに「家来になります」といってやってきたのが千葉常《ちばつね》胤《たね》と上総広常でした。

特に上総広常は『吾妻鏡』によれば、なんと2万人という大軍を率いてきたと伝えられます。もっとも2万人はちょっと大げさで、恐らく0がひとつ多いのだろうと思いますが、相当な勢力を持っていた武士だということは間違いない。その上総広常が一族を上げて頼朝に従ったとなると、「頼朝様はやっぱりすごい」ということで、関東の武士たちはわれもわれもと集まってきた。だから上総広常は、頼朝政権誕生のまさに立役者でした。

しかしその上総広常が1183年、頼朝に殺されてしまう。頼朝という人は弟の義経を殺しているので、「いろんな人を闇に葬っている冷酷な人」というイメージがありますが、調べてみると実はそんなことはない。むしろ彼は「受けた恩は返すタイプの人間」なのですね。そんなやたらめったらと人を葬り去る人ではないのですが、上総広常は殺してしまう。

その理由について、頼朝は二度の上洛のうちの一度、後白河上皇と話し合った、言わば東西巨頭会談のときに「私の家来の中に上総広常という者がおりました」と発言しています。

その者は、我々は武士であって、京都に近づく必要はまったくない。我々は我々の価値観でやっていけばいいのだということを常々申しておりました。それゆえ私が朝廷と交渉を持つこと自体を認めようとしなかった。しかし私の本心としては後白河上皇と朝廷に対して忠誠を尽くしたい。だからそれを邪魔する上総広常は、殺さざるを得なかった。そのように上皇に申し上げたと伝えられます。

これは『愚管抄《ぐかんしょう》』という歴史書に出ている話であり、恐らく、実際にこれに近いことを頼朝は言ったのでしょう。ただし頼朝が、本当に後白河上皇や朝廷に対して忠節を尽くすことを意図していたかといえば、それは恐らく違う。

だからといって「完全に朝廷と断絶し、関東のことは関東で決めよう」と、関東ファースト主義を貫こうとした上総広常の主張には「ちょっとおまえ、現実がわかっていないぞ」と見ていたと思います。

つまり政治家・頼朝にとってみると、先行する権力である朝廷と交渉を持って、そして何らかのかたちで武士の政権の存在を認めさせる。それが、鎌倉幕府がソフトランディングを行い、今後も居場所を確保していくために必要な政策だと考えていた。

だから「朝廷は朝廷でやってください、うちはうちでやります」という孤立主義を強硬に主張する上総広常には「それはちょっと違うぞ」と感じていたことでしょう。

優先すべきは地元か中央か

似たケースとして、島津家の事例が挙げられます。豊臣秀吉は、九州征伐を行って島津家を従属させた。しかし兄の島津義久は、「秀吉に従属はしたけど、やはり鹿児島は鹿児島のやり方がある。俺は鹿児島第一主義だ」と言うわけです。

一方、弟の義弘は「いや、兄貴はそう言うけど、やっぱり豊臣政権はすごいよ」と主張する。そこで「じゃあおまえ、島津を代表して大坂へ行って見てこい」と兄の義久に言われて、島津義弘は大坂へ行くのですが、そうすると何もかも、桁が違うわけですね。やはり豊臣政権との「国交」は確保しないとまずい、と考えるようになった。しかし結局、弟の義弘はこのあといろいろな場面で苦労することになります。

たとえば関ヶ原の合戦へは、最終的にわずか１５００人の軍勢を率いていくことになる。朝鮮の役では１万人からの軍勢を率いていた彼らが、です。

もし島津が朝鮮の役と同規模の軍勢を率いていたら関ヶ原の勝敗はどうなっていたでしょうか？　彼らは「戦闘民族」と呼んでいいほどの、それぞれが優れた戦士。島津が本当にその力を発揮していたら戦いの帰結は変わっていたかもしれません。そう考えれば、島津の地元ファースト主義の結果で、バカを見たのは石田三成だったのかもしれませんね。

地元を優先するか、中央との関係を保とうとするか。これで政策が分かれるケースは、結構あります。頼朝の場合は、地元第一主義を取る上総広常を排除してしまった。そのことを他ならぬ後白河上皇との会談の際に話したということは、これは逆説的に、彼がそれほど関東のことをすごく大事にしていたということなのでしょう。

そのひとつの現れとして、美人だったという話が何ひとつ伝わっていない北条政子と、権力者になった後も別れていないことが挙げられそうです。頼朝にしてみれば、成功して日本有数のＶＩＰになったわけですから、権力者の常として、どんな美人をも京都の朝廷から呼び寄せることも可能だった。しかし頼朝はそれをせず、関東の田舎出身の北条政子を非常に大事にする。

そこには、未来のない流人の身の彼を慕ってくれた政子さんに対する私人としての気持ちもあったでしょう。しかしなにより政治家として、「自分は関東に根を下ろして生きていくのだ」という姿勢を内外に表明する意義もあったのだと思います。

「君臨すれども統治せず」にも価値はある

そこまで考えて行動していた頼朝であれば、もうちょっと息子たちをしっかりと教育する必要もあったのかもしれませんね。「おまえたちは何のために存在しているのか」ということを、父親として、もっときちんと伝えるべきだった。

その教育が足らなかったので、息子たちはどうしてもおぼっちゃま育ちになってしまい、関東の武士たちを軽んじる方向で動いてしまった。結果、源氏は三代で滅びてしまう。

その運命を考えると、むしろ頼朝は自分の息子に「おまえたちはがんばるな」と伝えたほうがよかったのかもしれません。

父、頼朝の時代は、たしかにがんばる必要があった。どうしても「鎌倉に生まれた政権を京都に承認させる」という大仕事がありました。

しかしそれは俺がやる。俺が仕事を終えたあとは、おまえたちは遊んで暮らせ。逆に、うかつにがんばって働こうとするな。自分の存在感を発揮しようとして妙なことに手を突っ込むと、家来たちに疎まれてかえってやられるぞ。そう教えておけばよかったのです。

実際、最近の研究を通じて、三代将軍実朝は統治者としての務めを果たそうと、結構がんばっていたということがわかってきました。しかしそれは家来たちにとってみると、「将軍さんは適当に遊んでいてください。いちいち口を出されたらウザい」ということで、「君臨すれども統治せず」でいてくれたほうがありがたかった。

日本の権力構造には、そのほうが落ち着く傾向があります。上はやんごとなき血の人をかついで、実際の政治はその下の人間がやる。そこで上が〝うっかり〟とやる気を出して実務に首を突っ込んでいくと、命を失うことにもなる。

自分自身が痛感していただけに、頼朝はこのあたりの事情を、きちんと息子たちに伝えるべきではあったでしょう。

ただ、実朝もわかっていたのかもしれない。彼は彼で「自分は中国の高僧の生まれ変わりだ」と言い出し、中国に渡ろうとして陳和卿《ちんなけい》という、大仏をつくった南宋の人に船をつくらせましたが、あれは要するに鎌倉から逃げだしたかったのではないか。

しかし結局、つくられた船は動かなかった。恐らく裏で北条義時が、動かない船をつくるよう、陳和卿に命令していたのではないでしょうか。平家ではありませんが、源氏将軍がどうあがいても、やはり滅びる運命だったのかもしれません。

後鳥羽上皇の失敗

なぜ倒幕計画は成功しなかったのか

後鳥羽上皇がもし無能だったのなら、鎌倉幕府を倒そうとした「承久の乱」は「失敗して当然」という話になります。しかし上皇は決して無能な人ではなかった。むしろすごく多才な人で、政治も経済も、さらには文化にまで通じている。そのうえで軍事にも有能で、上皇自身が武術に長け、非常に力持ちでもありました。

当時、京都の治安を守るために泥棒を起用していました。これは世界各国でよく見られることなのですが、犯罪者を雇って、逆に治安を守らせるのですね。その警察組織の先頭に、なんと上皇自身が立っていた。
大坂の交野《かたの》に交野八郎という強盗がいて、「俺は絶対に捕まらない」とうそぶいていたところ、なんと後鳥羽上皇ご自身が捕まえにきた。船に乗ってきたそうですが、持ち上げることなどとても無理そうなオールを、見るとひょいと片腕でつかんでいる。交野八郎は「これはまいった」と観念し、捕まったそうです。上皇は交野八郎もスカウトし、警察組織で働かせたと伝えられますが、こうした逸話からすると、後鳥羽上皇は、世間もよく知っていた人ということになります。

上皇は鎌倉幕府を倒すために、自分の軍隊を持たなければならないと考えた。そのために武士を集めて、朝廷軍の編成を試みます。この発想は新しかった。

それまで朝廷が武力を必要したとき、伝統的な方法論としては、常に僧兵を頼っていました。比叡山、興福寺の僧兵や、「神人《じにん》」と呼ばれる春日社の僧兵。興福寺を中心にした奈良の仏教勢力である「南都《なんと》」、比叡山の「北嶺《ほくれい》」、あわせて南都北嶺という言い方がありますが、そうした勢力の僧兵を頼りにするのが伝統的な発想でした。

たとえば、後鳥羽上皇の約100年ののちに登場する後醍醐天皇なども僧兵を頼みにしていました。ところが僧兵は、戦いの専門家である武士に対しては、それほど機能しない。僧兵も、もともとは武士の次男坊や三男などの出身で、基本的に中身は武士なのですが、やはり表看板からして〝武〟である人に、表看板が〝僧〟である人は、戦さの本番ではなかなか勝てないのです。

そのあたりの事情も考えてのことなのでしょうが、後鳥羽上皇は武士を自分のほうへ引き寄せようとする努力を、徹底的に行った。

主従制に基づいて、将軍と主従の関係を結んでいる御家人たち。しかし実際には、将軍をしのぐ権力者として、北条氏が台頭してきているわけです。そうすると御家人たちの中にも「ええ？　北条がそんなにでかい顔するのは嫌だな」と反発する層が出てくる。そうした御家人層に手を突っ込み、「ならば俺に仕えろ。俺の下で働け」という工作を行い、相当に強力な軍隊をつくり上げることに成功した。

しかし、まさにここが後鳥羽上皇の失敗なのですが、たしかに上皇は有力な武士を引き寄せることには成功したけれども、そこまでだった。これは無理もなかったと思います。やはり偉い人が、下の事情まで目配りをするには限界があるからです。

守護を味方にしたとは言え

後鳥羽上皇が引き寄せたのは西国の有力な武士たちでした。しかし西国の武士といっても、彼らはみな鎌倉から派遣されていた人びとであって、現地の生え抜きの武士ではないのです。たとえば播磨国で言うと、後藤さんという、後の後藤又兵衛《またべえ》のご先祖様に当たる武士がトップだった。しかし彼はあくまで雇われ店長のような存在で、播磨国にまだしっかりと根を下ろしていませんでした。だから後藤さんだけヘッドハンティングしても、播磨国の武士全体を自分のほうに引き寄せて、動員することまではできないのです。

その国のトップ、つまり後に「守護大名」「戦国大名」になっていく守護について、「承久の乱」のときに朝廷側、鎌倉側で色分けすると、きれいに分かれて、西国の守護はすべて上皇に味方していることが分かります。そうした上級武士が二分される状況になるまで、後鳥羽上皇は事態を持ち込んでいました。

問題なのはそれぞれの守護の性格です。関東の守護たちは、もともとその土地に昔からいた武士で、自分の勢力がその国にしっかり根づいていた。だから関東の場合は、たとえば下《しも》野国《つけのくに》(今の栃木県)であれば、小山《おやま》が守護であるのと同時に、地元のボスでもある。その小山を味方に引き込めば、下野国全体の武士たちを動員できる。

ところが先の播磨のような西国であれば、守護はたまたま任命されて落下傘的にやってきただけの存在で、地元にしっかりと根を下ろしてない。

後藤本人は後鳥羽上皇に忠節を尽くし、御所にはせ参じるのですが、連れてこられるのは、自分の身の回りの武士だけで、播磨国の武士をみな根こそぎ連れてくることはできなかったのです。

その後鳥羽上皇は、1221年に「承久の乱」を起こしました。それで結局どうなったかと言えば、上皇の「俺の味方になれ、俺とともに戦え」という命令に対して、関係が深かった武士たちは、たしかに「はい、喜んで」とはせ参じました。しかしそれは「私と私の部下、家族などで300人ぐらい連れてきました」という状況に過ぎません。

一方、関東であれば一桁違う数の武士を動員して連れてくる。それらが戦うわけですから、上皇は勝てるわけがなかった。

なんといっても戦争では数がものをいう。鎌倉幕府はそのとき、恐らく1万5000人ぐらいの軍隊を編成することができたはず。京都の朝廷軍も一所懸命計算したのですが、それでも2700人。2700対1万5000では絶対に勝てない。だから後鳥羽上皇は必然的に敗けてしまったわけです。

上皇だろうとすべてを把握することはできない

あらためて後鳥羽上皇の失敗を考えれば、「守護さえ味方にすれば、武士団もついてくる」と思い込んでいたところだったわけですが、これはもう仕方がない。偉い人が、そこまで下々の事情まで把握するのは無理がある。むしろ、天皇という〝雲の上の人〟からすれば、後鳥羽上皇は非常によく現実を把握していた人なのです。

繰り返しますが、約100年後の後醍醐天皇の時代でも「兵は僧兵を頼む」という発想に逆戻りしている。後醍醐天皇は、たしかに楠木正成という河内地方の豪族を動員していますが、あれはたまたま縁があっただけで、発想は進歩していなかったのです。

その点、武士を引き入れ朝廷軍の編成を試みた後鳥羽上皇は、旧来の発想から抜け出していた。ただし、武士社会のピラミッド構造を把握できていなかったために失敗した。

武士社会では、主従制に基づいて主人と家来がいる。そしてその家来には、またまた主従制に基づいて何人かの家来がいて、というピラミッド構造になっている。これは戦争には強い。

ところが朝廷の場合、命懸けで主人と家来が関係を結ぶことは基本、ありません。後鳥羽上皇は、自分の軍事力を持とうとして、いろんな武士と主従関係を結ぶわけですが、それは頂点を抑えただけで、鎌倉幕府のようにその下、さらにその下の家来層まできちんと編成することはできてはいなかった。

後鳥羽上皇は当たり前ですが、貴族社会の出身です。軍事の編成までを理解することはさすがに無理だった。失敗といっても、やむを得ない失敗だったと思います。

鎌倉幕府の経済的上昇は、全国500カ所という平家政権が持っていた土地を入手したところからはじまっています。そしてその土地を、主従制の契約に従って御家人たちに分配し、経済的に一心同体な体制を築いていきました。

そのようにして武士の力が伸びていくことは、歴史の大きな流れだったと思います。しかし後鳥羽上皇が「承久の乱」を起こしたことで、幕府はさらに平家のときの6倍、3000カ所もの土地をぶんどりました。その土地を、味方をしてくれた武士に分け与えることによって、さらに結束を固めたわけです。

「武士の力の拡大」という大きな流れ自体は、「承久の乱」がなくても変わらなかったことでしょう。しかしこの乱により流れが加速し、武士の力は一気に西国まで及んでいきました。

そうした視点でみれば、後鳥羽上皇の失敗は、鎌倉幕府からみれば、非常な幸運だったと言えるのかもしれません。

北条時宗の失敗

なぜモンゴルは日本に来襲したのか

そもそもなぜモンゴルは日本に来襲したのでしょうか？　実は戦前、この疑問について考えられることはほとんどありませんでした。

面積として世界最大の帝国をつくったモンゴルは、言わば侵略マシーンです。だから日本に攻めてくるのは、彼らの本能からして当たり前。それで話は終わり。

一方、北条時宗は疑問の余地もなく、モンゴルから日本を救った英雄とされ、また、どこまで信じていたのかわかりませんが、太平洋戦争当時、日本はいざとなれば神風が吹いて救われる国とも言われてきました。

そのようなニュアンスで、モンゴル来襲については「時宗が国を救った」ことばかりが強調され、そもそもなぜ攻めてきたのかについて、真面目に考えられることがなかったのです。

それが戦後になって、ようやく変わりました。日本の歴史家があまりしっかり研究してこなかった問いでしたが、むしろ東洋史、モンゴルの専門家の方々が調査し、考察し始めたのです。それを機会として30、40年前あたりから、認識がかなり変わってきました。

趙良弼《ちょうりょうひつ》という元の使者が書いたレポートがあります。モンゴルは文永の役と弘安の役の2度にわたり、日本へやってきたわけですが、この人はその文永の役の前にフビライ・ハンのもとから派遣され、日本にやってきています。そして1年近くも日本に滞在し、様子をよく見て、報告したのです。

ではその趙良弼がどのようなレポートを書いていたかと言えば、まず「日本という国は狭いです」と。そして「ろくな作物が育たず、豊かではない。人間も野蛮で、皇帝陛下がわざわざ日本を征服しても、何の見返りもありません。だから、やめるべきです」と報告していた。そうした事実がわかってきたので、あらためて「ではなぜモンゴルは、そんな日本に攻めてきたのか」という疑問が論じられるようになったのです。

元のメンツを潰した鎌倉幕府

さてそれで、東洋史の方々の考察から出てきた答えは「モンゴルは当時、中華帝国の後継者であることを全世界に対して示そうとしていた」というもの。

モンゴルは、漢民族からすると北方の異民族です。もともと中国大陸ではよく征服者として北方の異民族が万里の長城を越えて攻めてくるのですが、モンゴルはそのひとつだった。そして中国大陸はもちろん、全世界へその領地を広げたわけですが、五代皇帝フビライ・ハンは、ことのほか中国大陸の征服に熱心だった。そして中国大陸をほぼ制圧した段階で、元という中国風の国号を定め「我々は中国大陸の歴代王朝の伝統を受け継ぐものである」と内外に示したのです。

歴代王朝の伝統を受け継ぐということは、中華思想の後継者となるということです。そして中国の皇帝は、天の神様の子。すなわち「天子」。天から、下々の民草を導けという天命を受けた存在である。その天子がトップに立つ元は、東アジア、いや彼らの視野では全世界で、もっとも高度な文明を持ち、もっとも高度な文化が花開いた素晴らしい国ということ。

中華と聞くと中華料理を思い浮かべるかもしれませんが、世界の中心である中華のまわりには北には北狄《ほくてき》、東には東夷《とうい》、西には西戎《せいじゅう》、南には南蛮《なんばん》と、野蛮な国々がある。そうした野蛮国からは、天子の徳を慕って挨拶にやってくる。こうした世界観が中華思想です。

挨拶にくる周辺国の中には、直接、中華の皇帝の家来になる国もあります。そうした中でも一番のエリートが朝鮮半島の王朝とベトナムで、この国々のトップは「王」として皇帝の直接の家来となりました。そのため元号も自前では持たずに、中国の皇帝が定めた元号を使っていました。

中華思想については華夷思想《かいしそう》という呼び方もあります。中華の華に、異民族の夷で華夷思想。こうした思想が、中国には根強くあるわけです。

その華夷思想の継承者として、元は国を立てた。だからフビライ・ハンにしてみると周辺の国々はモンゴルの、元の徳を慕って挨拶にやってくるべきなのです。逆に挨拶に来ないとなると、それは元の威信に関わる自分たちのメンツを潰す振る舞いということを意味するのですが。

それゆえフビライは日本にも使節を派遣しました。そのときの国書が残っています。読んでみると、びっくりするぐらい低姿勢。低姿勢というか、とても丁寧なのです。

たとえば文書の最後は「不宣」で締められています。これは私人の手紙であれば「敬具」にあたる書き止めであり、しかも比較的平等な関係で手紙をやりとりするときに使われるもの。その内容は「今度中国大陸に元という王朝ができました。ですから元の皇帝の徳を慕って、あなたたち日本の国も使者を派遣して挨拶に来なさい」というものでした。

たとえばSF小説『銀河英雄伝説』の作者、田中芳樹先生などは、この文書は衣の下に鎧が見えているようなもので「言うことをきかなければ滅ぼす」という意味だとおっしゃっていました。

ただ、僕はそこまで深読みしなくてもいいのではないかと思います。侵略するといっても、実際に軍を差し向けて征服するのは、どこに兵を派遣するにせよ、大変なお金がかかるわけです。しかも日本については、趙良弼から「征服してもうまみはない」というレポートまで上がっている。

であれば、使者だけきちんと派遣し、頭を丁重に下げて挨拶してくれればそれでいいと、フビライは考えていたはず。それで皇帝としての威信は十分に成立する。そしてこれが東洋史の研究者の方々の意見です。

だから日本の採るべき態度としても、フビライの国書をきちんと読み込み、元にしかるべき使者を派遣していれば、それでよかったのではないか。

やはり元寇の要因は時宗の「しくじり」である

実際には、朝廷がまずその国書を受け取りました。しかししばらく中国と外交をしていなかった朝廷は、きちんと皇帝の意図を読むことができなかった。

だいぶ上から目線の返書を下書きしているのですが、まあそこは外交です。かつて隋《ずい》の煬《よう》帝《だい》に使者を送ったときも「日出《ひいづるところ》処の天子より」とずいぶん盛った挨拶をしていました。当時の朝廷は遣唐使の時期とは違って、まさに夜郎自大《やろうじだい》。天皇ほど偉い存在はいない、という集団ですから「日本は神様が守る立派な国」だと、この時もずいぶんと上から目線で国書を書いたわけです。

使節の小野妹子《おののいもこ》は隋の煬帝から「これはどういう意味だ？」と訊かれて、たぶんいろいろ言い繕《つくろ》ったことでしょう。その返書にはきっと「おまえら図に乗るなよ」というようなことが書かれていたはず。なお小野妹子は、朝廷に「返書は無くしてしまいました」と報告しています。恐らく、とても見せられないような内容だったのではないでしょうか。

しかしそれでも、とにかく返書さえ出せば、間に立つ外交担当者がなんとかしてしまうこともできたというわけです。そしてこの当時の朝廷も返書の準備はしていたのですが、そこに待ったをかけた愚か者がいた。それこそが幕府です。

北条時宗が「そういうことは私たちがやるから、朝廷は余計なことをしなくていい」と、朝廷から国書を取り上げた。平時の外交も、こじれれば戦争になります。外交も戦争も同じコインの裏表ですが、戦争できるのは幕府である以上、外交を担当できるのも幕府だけ。それで朝廷から国書を取り上げたのですが、取り上げておきながら、幕府は返事を出さなかった。

その非礼に怒ったフビライが軍隊を送ってきた、と東洋史の研究者は見ています。しかも最初の文永の役（1274）は、現代の軍事行動で言えばどうも「威力偵察」だったらしい。威力偵察とは、敵の状況がわからないとき、敵と遭遇しても帰還できるだけのある程度の規模の部隊を送り、偵察を強行すること。

まさに第一回の文永の役は、元にとって、この威力偵察だったわけです。だから日本の武士と少し戦闘を交わすと、すぐに帰っていった。これは神風が吹いたからではなく、もともと早期に帰還する予定だったというのが、現代の理解です。

それで敵情を把握した元は、2回目となる弘安の役（1281）で、本腰を入れて軍勢を送り込むことになるわけですが、実はフビライ、この弘安の役の前に、ちゃんと杜世忠《とせいちゅう》らを使者を日本へ送っていたのです。

「この間の文永の役で元の怖さがわかっただろう。だからきちんと挨拶に来い」と、杜世忠を始めとする5人の使者が送られてきた。しかし北条時宗は、なんとその使者全員の首を切ってしまう。非礼どころか、完全に野蛮国の振る舞いです。

結果、激怒したフビライは、今度は10万人からの軍勢を送ってきた。しかしこのとき、恐らく本物の幸運で台風が来て、軍勢は難破してしまった。

つまり、たまたま台風が吹いて難を逃れましたが、国を危険にさらす外交をするうえ、運任せで勝つようなリーダーなど、とても英雄とは呼べないのではないでしょうか。

では当時の北条時宗は、国際情勢をなにも勉強していなかったのでしょうか。ひとつ擁護すれば、実は「勉強しよう」とはしていたようです。

勉強するに際して、誰を先生にすればいいかと言えば、当時、中国からかなりハイレベルな禅僧が日本にやってきていたので彼らから学べばいい。でも、なぜそんな僧侶が日本に来たかと言えば、モンゴルが攻めてきて日本へ逃げてきたわけですね。それでは当然、モンゴルのことをよく言うわけがない。むしろ「とんでもない勢力だ！」と言うわけです。それを聞いていたからこそ、北条時宗はきちんと対応できなかったのでしょう。

しかし、それでも彼がそれなりに知性を持ちあわせていれば、1回目は止むを得ないとしても、2回目については万全の準備を整えてしかるべきでした。実は1回目はともかく、2回目もそこまで防衛準備は行われていなかったのです。なにより、北条時宗は九州まで行っていない。せめて総司令官として広島あたりまで行って、戦いを指揮するのであればまだわかるのですが、この非常事態でも鎌倉から動いていない。

それでも結果論として、運が味方してくれたおかげで撃退できたのですが、しなくて済む戦争をやったわけで、ひとつ間違えるととんでもない事態を招いていた可能性まであった。もっとも、モンゴルは世界帝国を築いたせいで、ヨーロッパのペストが中国本土にまでやってきてしまっていたため、もれなく衰退してしまいます。そうすると結局、海を隔てて、しかも趙良弼の言うように特に占領する意味のない日本の独立は保つことができたでしょう。しかし、もしかすると北九州くらいはモンゴルに占領された可能性はあるかもしれない。

さらに彼が無能だったと考えられるのは、戦後の報奨です。

モンゴルが攻めてきて、武士たちは命懸けで戦ったわけです。この章で何度も述べてきた主従制の契約では、命を投げ出して戦った彼らに対し、ごほうびを与えなければならない。しかしモンゴルとの戦いでは、勝利したといっても敵を撃退しただけですから、相手の土地を奪ってみなに分配するというわけにはいかない。戦争が終わっても、家来たちに分配する新しい土地はないのだから。

しかしこのときに北条氏がもしも、「よくやってくれた」ということで、山ほどある自分たちの領地から、少しずつでも割いて分け与えていれば？　そうしたら武士たちも「北条さんも身を切ってくれた。ありがたいね」と納得していたと思うのです。

しかしケチくさいというか、北条氏はそれをやらなかった。むしろ、自分たちの財産を増やした。財産を増やして桁違いの力を持つことにより、武士たちの不満を押さえつけようとしたのです。

これがまさに大失敗で、北条氏の専制的な姿勢が表面化してしまい、時宗、貞時、高時の三代で北条氏は武士たちの支持を失っていく。やがて後醍醐天皇が、幕府を倒せと号令すると、本当に潰れてしまうことになりました。

これは後醍醐天皇の号令の結果というより、鎌倉幕府に対する武士たちの、蓄積された不満がこのタイミングであふれ、幕府を倒した、という状況だったのですが、本当の原因は統幕の50年前、モンゴル襲来の時点で生じていたと思います。

北条高時の失敗

鎌倉幕府が滅びた要因とは

「後醍醐天皇が立ち上がり、幕府を滅ぼした」。鎌倉幕府の終焉については、ずっとそのように語られてきました。

しかし後醍醐天皇が鎌倉に攻撃をかけたといっても、分析してみると実はなにもやってない。いや、正確にいうと、新しいことはなにもやっていない。この人のやり方には新しみがないのです。

本章の「後鳥羽上皇の失敗」のところで述べていますが、後醍醐天皇が登場する約100年前に起きた「承久の乱」では、後鳥羽上皇が「武士と戦うためには、武士を編成する必要がある」と考え、実際に有力な武士を軍事力として引き込んだ。結果は負けてしまいましたが、そのように新しい方法論は持っていたのです。後鳥羽上皇以前は、朝廷の軍事というと比叡山や興福寺の僧兵を頼りにすることが伝統でした。

後醍醐天皇の場合は、再び僧兵だのみの発想に逆戻り。ちなみに、倒幕計画のために密会を重ねていたそうですが、その場には透けた衣装を着た女性が侍るという、なかなか官能的な会合だったと伝えられています。

しかしいくら密会を重ねても、軍事力を持たない限り、幕府を倒そうにも手段がない。唯一の例外が、有名な楠木正成です。この人は、後醍醐天皇がスカウトしてきた。しかし彼のスカウトは偶発的で、偶然に偶然を重ねて起用した楠木正成が、たまたま有能な人だったわけで、後醍醐天皇が「新しい社会層に着目して、そこから人材を登用した」というようなことではありませんでした。

実際、幕府が倒れた後の建武政権で、起用された武士は楠木正成と名和長年《なわながとし》ぐらい。彼らは武士層の代表者として政権入りしたのではなく、たまたま天皇と繋がりを持った個人として起用されたのです。

つまりどう見ても後醍醐天皇自身は、鎌倉幕府を倒したくても、倒す方法論は持ち合わせていなかった。

それがなぜ倒れてしまったのかというと、これはもう鎌倉幕府の側に滅びる要因があったというしかない。要するに、マイナス要因がてんこ盛りだったのです。

北条氏はもともと歴代、頭が切れる人たちを輩出してきた一族です。たとえば北条泰時のときには法をつくって政治をやりましょう、と「御成敗式目《ごせいばいしきもく》」（1232）を定め、その孫にあたる時頼になると「我々は敵を倒すだけでなく、政治家にならなければならない」と言い出している。暴力集団が、自分の縄張りを守るうちに、統治に目覚めたようなパターンでしょうか。と、ここまではやはり非常に頭の切れる名君ぞろい。

北条氏の見識の高さを示すのは、結局彼らが将軍にならなかったところだと思います。実力的にはなろうと思えば、なれた。しかしならなかった。あるいはなれなかった。なぜか？

　それは侍身分というものを考える必要があります。侍にも身分がある。中でも一番上の「上級」層は、昔から朝廷に直接仕えてきた人たち。その代表が源氏の本家や、平家であれば清盛の平家であった。実際、これらの人は直接、朝廷に仕えてきたわけで、つまり主人は天皇だった。

　この場合、武士の主従制とは違って、命懸けの奉公をすることは要求されません。頼朝も清盛も命を張ってお仕えする必要はない。それが軍事貴族という存在です。

　その源氏にも、平家にも一族、庶流がいる。彼らは天皇に直接仕えるわけではなく地元密着型。主人はほかの武士。鎌倉の御家人であれば、源頼朝を主人にするというかたちになります。この場合、家来は命を投げ出さなければならない。そこが大きく違います。

　つまり武士といっても、軍事貴族の武士と、そして地元密着型の武士というふたつの階層があるということです。

　鎌倉の場合、御家人たちは、みな関東の地元密着型の武士でした。中でも有力な家は、相模を代表する三浦、房総半島の上総、千葉、そして武蔵の河越や畠山と、みな平家です。源平の戦いといっても、源氏と平家はそもそも対立している存在ではなかった。だからこそ平家が源氏の頼朝を主人に持っても、なんの問題もなかった。

北条氏も一応、平家なのですが、実は地元密着型の武士の中でも相当下のほうの家でした。有力な武士であれば、系図がきちんとしていて、「私は誰々の何代の孫です」というのがはっきりしています。ところが北条氏は、そのレベルではない。だから系図が曖昧なのです。「どこの馬の骨かわからない」というほどではなく一応、桓武平氏の子孫ではあるのだけど、それ以上ははっきりしないという家でした。

しかしその家が力を持った。どうやってのし上がったかというと、とても汚い手をつかってきたのです。北条義時も、泰時はそうでもないですが、その孫の時頼も、みんな汚いことをやって、のし上がった。違う言い方をすると、みなさん頭の勝負で勝ってきた非常に切れる人たちということになります。

それだけに彼らは、自分のことをよく知っていたのですね。もし自分が将軍になってしまったら、今まで頭を下げていたヤツらも「それは話が違う」と思い始めるぞ、と。

将軍は、本来的には、もともと武士たちに命懸けの忠誠心を要求できる軍事貴族出身者がその座につくもの。ところが武士の中でも、どちらかといえば底辺のほうだった北条が将軍になったら、それは思い上がりもはなはだしいと反発を招くことになったでしょう。

僕はなぜ北条が将軍にならなかったのか、あるいはなれなかったのか、20年ほど考えてきたのですが、現在のところの結論として、賢い北条氏は自分が将軍になるような愚策はしなかった。要するに「賢かったからこそならなかった」。これが僕なりの答えです。

日本の権力構造でよく見られるパターンですが、賢い北条氏は、表の顔として毛並みのいい血筋の人を立て、自分はその後ろで汚れ仕事もやり、実権を握っていました。しかし時頼の子の時宗が、外交で大失敗をして、無用な戦争を招いてしまった。どうもそのあたりから下降線をたどっていく。

日本人という意識があったのか

モンゴルが来襲し、幕府の御家人たちは文字通り命懸けで戦った。命を懸けて戦う以上、ほうびが与えられるのが主従制の根幹です。しかしこのとき、そのほうびは与えられなかった。

「北条時宗の失敗」のところで述べたように、モンゴルは撃退したものの、相手の領地に攻め込んだわけではない。だから御家人たちに分配しようにも、新しい土地がない。しかし御家人たちにしてみると、それではムダに命を懸けてしまったことになります。

これも僕の意見なのですが、当時の人たちには「自分たちは日本国の日本人だ」という意識がなかったのではないでしょうか。もし「日本人だ」という意識を持っていたなら、モンゴルと戦うのは祖国防衛戦。戦ってほうびをもらえずとも納得できたはずです。しかし不満が高まったということは、日本人という意識はまだなかったのではないか。

それに対し、国際日本文化研究センターの井上章一所長は「いや、本郷さん、そんなことはないんじゃないか」とおっしゃいます。なぜなら、そのときモンゴルに味方した武士は一人もいなかったし、それはやはり日本人だという感覚があったためではないか、と。

しかしあのときの主力は九州の武士でした。彼らは自分の土地を守るために戦ったのであって「日本という国のまとまりを考えて戦ったわけではない」というのが僕の意見です。モンゴル軍を何とか追い返しても、ほうびがないということで、武士たちの不満は高まった。ここで身銭を切って、自分の土地から少しずつでも分配すればよかったのですが、実際の北条氏はむしろ武士を抑えつけようとした。

彼らの間に湧いた不満を潰すために、北条の実力が抜群に強いという状態をつくり上げたわけです。この状態は歴史上、「得宗専制《とくそうせんせい》」と呼ばれます。

ここで面白いのは「抜群に強いという力」にもひとつの目安があるらしいということ。平清盛がクーデター（治承三年の政変）を起こして後白河法皇を幽閉したときに、日本列島66カ国のうち、ちょうど半分ほどの30カ国を平家の一門と与党の知行国として押さえています。そうなると平家の力が抜群となり、ほかはもう逆らえない、というイメージになるらしい。

このときと同じで、得宗専制を構築した北条も、全国の66ある国のうち半分の国の守護、その国の武士の第一人者という地位を北条本家と一門で手中に収めています。その状態の北条家に、正面から刃向かうことはなかなかできなくなりますね。

しかし、力で押さえつけられた分、北条に対する不満は鬱積していく。それでもモンゴル来襲後、50年が経って、後醍醐天皇が北条を倒せ――これは事実上、幕府を倒せという意味になりますが――と号令したとき、武士たちは「そんなこと言っても無理だよ」と感じたでしょう。夢見がちな後醍醐天皇の言葉に従った武士は一人も現れなかった。

後醍醐天皇の企ては露見し、一度目は弁解して助けてもらうのですが、この人は、執念だけはある。再び策謀してまた発覚し、今度はかつての後鳥羽上皇と同じく隠岐の島に流されてしまった。ところが後醍醐天皇は、それでも諦めない。後鳥羽上皇でさえ諦めて寂しく隠岐の島で亡くなってしまったのに、後醍醐天皇はなんと船をチャーターして脱出する。

現代でも隠岐の島に行く船は揺れることで有名なのですが、当時の小舟では相当に厳しい旅だったことでしょう。そうして命がけで伯耆国《ほうきのくに》に上陸し、船上山《せんじょうさん》に入ったのち、そこから日本の全国の武士に、北条氏を倒せという号令を発した。そこで足利尊氏が、幕府から離反したのです。

足利尊氏は先に述べた武士のふたつの階層のうち、上級の出身者にあたります。つまり源氏の一族で、将軍になる資格がある。その尊氏が立ち上がったということで、全国の武士たちも動き「あの人がやるのなら安心してついていく」と仲間になった。

後醍醐天皇が北条を倒せ、幕府を倒せと計っても何年も実現しませんでした。しかし尊氏が天皇の命令を奉じ、幕府から離反すると決めた後、たった1カ月で鎌倉幕府は潰れてしまうことになります。

抑圧するほど不満は鬱屈していく

これは北条高時自身の失敗というよりは、北条本家の失敗だったというべきなのでしょうね。北条は、あくまで影の実力者であり、裏方を担当する黒幕のトップ。だから「あの人はちゃんと公平に利益を分配してくれる」というイメージをもたれているときならばいい。しかし、いざイメージが悪化すれば「じゃあ誰か別な人が、北条さんのポジションに取って替わってくれないかな」と思い始めるわけです。

これが将軍のような表の地位であれば、よくも悪くもそこを独占するのが伝統になってしまい、不満があるからといっても、簡単に替えが利く存在ではなくなる。しかし、影の実力者であれば替わってもいい。

それなのに武士たちの不満が高まってきた際、抑圧する方向に走ってしまった。その結果、たしかに表立った不平は出なくなっても、不満は鬱屈していくわけです。

北条政権は、モンゴル来襲のあとすぐに倒れることにはならず、50年ほどはなんとか持った。しかしその間、武士たちは、「まともに戦って勝てる相手じゃないから仕方なく言うことは聞くけど」と思いながら「機会があれば、見ていろよ」という気持ちを育てていったことでしょう。そこに後醍醐天皇という、諦めない天皇が現れ、尊氏が寝返った。その結果、ごく短い間に北条政権イコール鎌倉幕府は倒れてしまうことになりますが、これはむしろ自滅したと見てもいい。

もしモンゴル来襲の後、戦後処理を誤らず、きちんと報奨を行っていたら？　しかし権力というものは、かつての平家が「平家にあらずんば人にあらず」と言いだしたように、どうしても威張り始める力学があるのでしょうね。

第二章　南北朝時代の失敗

後醍醐天皇の失敗

後醍醐天皇はなぜ評価されてきたのか

鎌倉幕府が倒れると、後醍醐天皇が朝廷で新しい政治、「建武の新政」（1334）を始めます。しかしわずか3年というごく短い期間で、その命脈も途絶えてしまう。なぜかくも短命に終わったのか。これはもう、武士の力をまったく認めなかった。このことに尽きます。

当時の武士たちにとって、なによりも大切なことは、自分の土地の所有を認めてもらうことでした。「俺の土地をきちんと認めてくれ」。そうした武士たちのニーズに応えて生まれ、彼らの土地所有を「公認」してきたのが鎌倉幕府でした。

しかしその鎌倉幕府が支持を失い、倒れた。その引き金を引いた後醍醐天皇がどうしたかと言えば「これからは天皇がすべてやります」という方針を打ち出した。しかしこれはどう考えても無理なわけです。天皇は1人しかいないわけですから。

全国の土地行政を1人でさばくのはとても無理で、案の定パンクしてしまう。そうすると必然的に「今の政権は、実情を知らないんじゃないか」「やっぱり俺たちの声をちゃんと聞いてくれるのは武士だ」という話になっていく。

しかも後醍醐天皇が全国に派遣した知事、つまり国司は、みんな貴族でした。貴族が命令を出しても武士たちは聞かず、日本全国で武士の反乱が相次ぐことになります。

ここで考えなければならないのは、歴史研究者の「歴史のとらえかた」です。

戦前、日本史のとらえかたには、ヨーロッパ史の影響があった。古代、ギリシャ・ローマの栄光の時代があり、その後、暗黒の中世がくる。しかしルネッサンスの光が差して文明が復興。市民社会が生まれて、ヨーロッパの時代がきたという、ヨーロッパの「V字回復の歴史観」。これを日本でも受け入れて、当てはめていたのです。

日本の場合は天皇です。古代、輝ける律令国家が成立した。その後、武士が出てきて中世の暗黒時代に突入する。それが明治維新によって「王政復古」を果たす。

さらに詳しく言うと、戦前は「日本の歴史には三つの栄光がある」ととらえられていました。

まずは「大化の改新」。古代の混迷する世の中を、中大兄皇子、後の天智天皇が自ら剣を振るって切り開き、新しい国造りを行った。これがひとつめの栄光。それから武士が出てきて暗黒の世になるのですが、その中で差したひとつの光が後醍醐天皇による「建武の中興」。これがふたつめの栄光。後醍醐天皇が輝ける古代の素晴らしさを回復した。だからこそ「中興」という言い方をするわけですが、〝残念なことに〟その栄光は足利尊氏という悪人によって奪われ、消えてしまう。だから戦前の歴史では、足利尊氏は日本史上、一番の悪人にならざるを得なかったのです。そして三つめの栄光が、もちろん明治維新になるわけです。

現代では、さすがにそうした「V字回復史観」を考える人はいなくなった。人間は昨日の失敗を今日に生かし、なだらかであっても少しずつ右肩上がりに社会はよくなっていく。そう考えるようになりました。

ところが、ここが教育というものの恐ろしさなのですが、かつての歴史のとらえかたが否定されようと、子どものときに教え込まれた価値観は、なかなか変わらない。

たとえば小林秀雄のような人でさえ、戦後になってからも、まさに「日本史の栄光は三つある」と言っていた。歴史研究者もまた同じ。子どもの頃に習った歴史は、大人になってもなかなか否定できないものらしい。

戦後、唯物史観を知るようになって、戦前の歴史観を否定し、新しい歴史を目指すはずの人の多くも、やっぱり後醍醐天皇を評価していた。たとえば歴史学者の網野善彦も、天皇を支えた楠木正成のことを大好きでした。実は僕もです。

後醍醐天皇は時代の先端、時代のそのまた先をいっていた。しかし愚かな武士がその思想に追いつくことができなかったため、建武の新政は短命に終わってしまった。そこまではっきり言わないのですが、しかし潜在的にそう見るような空気が続いていました。

東大系、関東の歴史研究者の元締めである佐藤進一先生も、後醍醐天皇の政治を高く評価していました。後醍醐天皇の政治は非常に斬新で、一言で言うと、伝統を打ち破ろうとしていた。それまでの朝廷は伝統に縛られていたが、後醍醐天皇は世襲より才能を重視し、新しい政治をやろうとした、などと見るのですが、それはどうも違うのではないか。

僕が東大系のボスに背くのはおかしいかもしれませんが、やはり後醍醐天皇自身は、本質的に保守的な人だったと思います。むしろ最初からずっと「武士はダメ。絶対」で、武士の力をなにがあっても認めようとしなかった。

なお才能を重視し、家柄を問わず抜擢し、新しい朝廷の政治をやろうとしていたのは、どう考えても後醍醐天皇以前、大覚寺統《だいかくじとう》、持明院統《じみょういんとう》というふたつの皇統が競い合っていた時代、両統迭立《りょうとうてつりつ》時代の歴代天皇たちでした。この人たちは、武士の政権も認めていた。認めたうえで、武士の政権と良好な関係を築こうとしていたのです。

後醍醐天皇の父である後宇多《ごうだ》上皇という人が典型で、彼は幕府と良好な関係を築こうとしていました。また朝廷内では有能な貴族を抜擢して、いい政治を行おうとしていました。幕府と仲良くする。才能を重視する。これがふたつの大きな方針でした。

しかし後醍醐天皇が、幕府と仲よくするのはダメ、武士の政権は認めないという方針を打ち出すわけです。そうすると当時の朝廷では、現状認識力のある有能な貴族ほど、「いや、朝廷が幕府と戦うなんて無理」と考えた。そもそも朝廷には軍事力がないのですから。だから有能な人たちほど朝廷から逃げ出してしまい、残るのは「後醍醐天皇の言う通りだ！　幕府なんか潰せ！」という先の見えない人ばかりになりました。

つまり後醍醐天皇はそれまでの天皇がやってきた「有能な人を抜擢して政治を行う」ということも、簡単なこともできない人だったのであり、歴史観の影響が、彼の好評価に結び付いたに過ぎないのです。

その昔、小説家の今東光《こんとうこう》が、後醍醐天皇を評して「優れた、やり手の天皇が出てくるとかえってよくない」という不規則発言をし、それを聞いた本郷少年は「ひどいことを言う」と思ったものでした。つまり本郷少年にすら、歴史読み物などを通して「後醍醐天皇は凄い」

という刷り込みがあったわけで、ここは教育というものの恐ろしいところです。

ようやく風向きが変わってきたのは、日本史の研究者でもいらっしゃる現在の天皇陛下が後醍醐天皇のことはあまり好きじゃないらしい、という噂が聞こえてくるようになってからでしょうか。

建武政権は、武士の参加を認めなかった。これが最大の命取りとなり、結局、政権はたった3年で崩壊する。約8年続いた第二次安倍晋三政権より、ずっと短いわけです。その政権を「すばらし過ぎてみんなに理解されなかった」と見るより、理想ばかりで突っ走り、「浮世離れしていたからダメだった」と考えるのが、自然なのではないでしょうか。

なぜ大覚寺統は衰退の道を歩んだのか

大覚寺統の衰退理由を考える場合、話はいったん後醍醐天皇の時代から約100年前にさかのぼります。

第一章で述べたように、このとき後鳥羽上皇が幕府に戦いを挑み、負けてしまった。その結果、なにが起こったかというと、朝廷に税金が入ってこなくなったのです。

それまでの朝廷は威張ってさえいれば、それだけで税金が入ってきた。「君臨すれども統治せず」という言葉を使って説明すると、君臨しているだけで税金が入ってきたわけです。「なぜあなたに税金を払わなければいけないのですか?」と言っても「昔からそうなっているからです」と答えていれば済んだ。「なぜ昔からそうなっているのですか」と訊かれても「私たちは偉いからです。偉いと昔から決まっているのです」で話は終わり。

ところがその偉い朝廷が、幕府に負けてしまった。私たちは偉いぞと言って今まで権威だけでやってきたのに面目丸潰れ。肝心の権威が大失墜してしまったわけです。そうなると「偉いと言っていたのに武士に負けてしまったじゃないですか。私、税金を払うのをやめますね」と言われるようになる。

もう君臨しているだけでは税金を払ってもらえない。じゃあどうするか。そこで朝廷は「サービス」を始めました。きちんと統治をやりますから税金をちょうだいと。本来それが当然と言えばそうですが、当時の朝廷には、それだけ危機感があったのだと思います。

その具体的な方法として、たとえば裁判を始めた。混迷する世の中で、なにが正しいのかわからない。AさんとBさんが争うことがあったときにどちらが正しいのか? 私たち朝廷がきちんと審議を行いますと。

もともと本来的に朝廷は裁判をやる組織だったのですが、その対象はあくまで神社やお寺。

神様仏様に関わる偉い人たちの揉め事を審議するものでした。なので「下々の争いなどは知ったことではない」と超然としていたのですが、下々の民の争いに向き合おうとする方針を打ち出した。

そうした裁判のことを「雑訴」と呼びました。雑訴。文字通り、雑な訴えであり「大したことのない」というニュアンス。ずいぶんと上から目線ですね。

この「雑訴」をきちんと運営する（興行する、といいました）ために、朝廷は有能な人材を登用するようになった。だから、「雑訴の興行」と適材適所の人材起用はセットになっているのです。

ただし、有能な人材といっても、さすがにそれは貴族に限られた。それ以外の一般社会からの起用はなかなかない。もっとも当時の世の中で「知識」はやはり貴族に独占されていましたから、それが問題になることはなかった。

そうしたかたちで庶民の訴えにも向き合うという方針を掲げたのですが、当時の裁判文書を見ると、下々の人から「徳政の成敗に巡り合って」といった言葉が出てきます。これは「朝廷や天皇が、我々の声に耳を傾けてくれるような時代に巡り合うことができて、我々は幸せです」といった意味でしょうか。

もちろん自分の主張を聞いてもらいたいから、ヨイショして言っている部分も当然あるでしょう。しかし、それでもやはり「朝廷が始めたサービスが庶民たちから歓迎されていたんだな」という感じは伝わってきます。

朝廷が行う、人々に向き合う政治。これは徳政と呼ばれていました。借金棒引きを意味する徳政令ではなく、徳のある政治という意味です。ではそうした徳政を敷いた朝廷に対して、幕府はどう感じていたか。その立場はふたつに分かれます。

ひとつのグループは「朝廷も幕府も、世の中を治めていくという共通の目標を持っている。だからそれぞれパートナーとして、協同して行こう」とする立場。

しかしもうひとつのグループは「甘い、甘い。朝廷が復活して、十分に力を蓄えたら、彼らはまた幕府を潰そうとするだろう。俺たちはライバルだ。むしろ朝廷の力を削いでおかないと」とする立場。

パートナーと見るか、ライバルと見るか。ふたつのグループは、それぞれ権力争いを繰り広げ、さまざまな政治問題でぶつかり合うわけです。そして、朝廷をライバル視する勢力が政権を握ったときになにをやったかと言えば、皇室を真っぷたつに割いてしまった。

これは歴史上、よく見られる手で、戦国時代に一向一揆を率いて勢力を誇っていた本願寺なども、西と東に分かれています。西本願寺と東本願寺に分けてしまえば、互いに争いエネルギーを消費してしまう。そうすると勢力も弱くなって、脅威ではなくなる。

それと同じ発想で、天皇家が一枚岩で固まると力をつけてしまう。やがて幕府に危険が及ぶことになるかもしれない。それで大覚寺統と持明院統のふたつの皇統がつくられ、それぞれから天皇が出ることになったわけです。

最初は、兄と弟が次の皇位を巡って争うという、いつの時代でもある争いでした。しかしそれが固定化し、交互に天皇を出していくことになる。その筋書きを背後でプロデュースしていたのは、やはり幕府だろうというのが僕の考えです。

実際に皇統が分かれてなにが起こったかというと、それは「競争」でした。大覚寺統と持明院統のふたつの皇統がお互いに「自分こそが、徳政をよく行うことができる」と主張し、競い合うようになったのです。

でもそれは健全な競争で、天皇自身が相手に負けないように一所懸命、勉強をした。そして優秀な貴族たちを集めて、よい政治ができるよう、組織していくようになる。結果、鎌倉時代の後期、天皇家は着々と力を回復し、非常に学問に秀でた名君を輩出するようになっていたのです。

たとえば哲人天皇と呼ばれる花園天皇はその代表です。この人は自分の甥である光厳《こうごん》天皇のために、自ら『誡太子書《かいたいしのしょ》』を著し、「天皇になるにあたって、かくあるように」と懇切丁寧に説いた。これは今も宮内庁に残っており、たまに展覧会の目玉として公開されるのですが、見事な自筆の文字で書かれています。

ちなみに光厳天皇は南北朝の動乱の中で北朝側の天皇となり、すぐ退位させられた悲劇の人なのですが、一方で花園天皇の妻を寝取っており、実は天皇の子は自分の子だ、と後にカミングアウトしています。とんだ恩返しですね。

権力志向は自滅を招く

それはともかく、大覚寺統と持明院統が天皇位を争うことになり、そこで問題になるのが「では誰が次の皇位を決めるのか?」です。答えを言えば、幕府が決めた。

だから大覚寺統と持明院統の双方それぞれが、エースの貴族を鎌倉に飛ばして皇統を確保しようとしていた。世の中の人は、その際に馬を飛ばす様子を「競べ馬」と呼んで笑っていた、という話も残っています。

建前は形式的なものなので、幕府は朝廷から「次の天皇はこの人で行きます」と報告がくると、基本的にいつも「はいどうぞ、それはお心のままに」と、にこやかに承認する。しかしもとはと言えば軍事力で政権を握った彼らのこと。「幕府に少しでも敵対する姿勢を見せたら、力づくでも止めるぞ」という本音が根っこにあるわけです。

実際、一度だけ「その人はダメです」と拒絶したことがありました。幕府にしてみると、やはり後鳥羽上皇の再来を警戒していたのです。

両統迭立以前の話ですが、後堀河天皇という方がいらっしゃいました。その息子さんの四条天皇は、まだ子どものうちに亡くなっています。有名な話、と言うよりも僕が広めているのですが、コンクリート打ちっぱなしのように、つるつるしているところが御所にあり、まだ幼い四条天皇はいたずらとして、そこにろうを塗って、女官が転ぶ様子を見ていらっしゃった。しかしあるとき、自らそこで転んでしまい、あろうことか頭を強打して、そのまま亡くなってしまったのです。

まだ幼いので当然、子どもはいない。しかも弟もいなかった。直系が絶えてしまったのですが、そこで2人の皇子が候補になった。その両方ともが後鳥羽上皇の孫（直系と傍系）に当たる方だったのです。

朝廷の中の意見としては、直系の孫を次に天皇に推す声が優勢でした。むしろ、ほとんどの貴族たちが直系の孫を推した。そのとき、幕府はどうしたか。

当時の幕府のリーダーは御成敗式目をつくり、名君として名高い北条泰時なのですが、彼は安達義景という武士を自分の代理人として京都に遣わします。そしてそのとき泰時は、義景に「絶対に直系の皇子の即位を阻止しろ」と命じていたのです。安達義景が「もし朝廷側が強行したらどうしますか」と確認すると「武力をもってでもやめさせろ」と答えた。いざとなると地金が出て、荒事も辞さないという性格がやはり幕府にはありました。

そして皇統はふたつに分けられてしまうのですが、しかし結果として、これが朝廷の力の回復に繋がった。競争が起こることで、朝廷にとっても、世の中の人にとっても、いい方向に結びついていったのです。

そこで出てきたのが後醍醐天皇です。この人は大覚寺統で、後宇多天皇の息子。そしてもともとは中継ぎとして即位した方でした。

実は後宇多天皇は後醍醐天皇ではなく、別の息子を天皇にしたのですが、その方は若くして亡くなってしまいます。そのため、次に亡き天皇のまだ幼い孫を即位させたかったのですが、持明院統というライバルがいる状況で、幼帝を立てるのは難しい。そこでやむなく即位させたのが後醍醐天皇でした。

なぜ「やむなく」なのかと言えば、後宇多天皇の妻で後醍醐天皇を産んだ談天門院、藤原忠子さんという人は、自分の息子を皇位に就けたいがために、なんと当時、大覚寺統の大ボスで、後宇多天皇の父親でもある亀山上皇のもとに駆け込んでいた。つまり寵愛を得ていたのです。その亀山上皇から「今は自分の愛人となったおまえの嫁の子を、天皇にしろ」と言われて、後宇多天皇もそれはいい気分がするわけはない。だから後宇多上皇と後醍醐天皇の関係は、非常によろしくなかったのです。ですが、意中の息子が亡くなったため、あくまで中継ぎとして天皇にした。

そうして後醍醐天皇は即位したのですが、彼自身は中継ぎなので、自分の息子に位を譲ることができない。そして実の息子が天皇にならなければ、上皇として権力を握ることができず、退位したら事実上ただの人になってしまう。だから現状の政治の枠組みを、なにがなんでも壊してしまう必要が、この人にはあった。そこで天皇になった途端に言い出したのが「幕府を倒せ」でした。

しかし既に述べたように、そんな無謀なことを言い出したせいで、有能な貴族たちは逃げ出してしまう。すると「有能な貴族を集め、雑訴の興行を実施する」という、朝廷の力を回復した徳政の根本が、崩れてしまうことになるのです。

状況悪化のスパイラルに陥った後醍醐天皇は、自分の権力基盤を固めるため、ますます倒幕を言い出すようになっていった。それで忠誠を誓っていた貴族はみんな逃げ出してしまい、大覚寺統は衰退していくことになります。

結局、後醍醐天皇は自身の権力志向をあまりにむき出しにし過ぎてしまった。後に建武の新政を実現してから足利尊氏が背き、京都を制圧したので、後醍醐天皇は一時比叡山に立てこもったのですが、やがて三種の神器を北朝、すなわち持明院統の天皇に渡して降伏する。

当時の足利尊氏は、今後はまた鎌倉時代のように、大覚寺統と持明院統が交互に天皇の位に就いてくれればいいと考えていた。だから後醍醐天皇にしてみれば、待っているだけで大覚寺統から再び天皇を出すことができたのです。

しかしこの人はあくまで自分自身が権力者であることにこだわった。そのため京都から脱出し、奈良の吉野で「自分こそが真の天皇だ」と自らの朝廷を開く。それで大覚寺統は南朝として生き残るのですが、その先に待っていたものは、もはや衰亡の道しかありませんでした。

不屈の闘志を持つ帝王だとも言えますが、原動力はあくまで自身の権力への欲望。それで歴史を動かす運命に立ったので、すごいといえばすごいのですが、それでは人々がついてこなかった。そういうことだったのだと思います。

北畠顕家の失敗

名目に過ぎなかった陸奥守就任

北畠顕家《あきいえ》は、吉田定房、万里小路宣房《までのこうじのぶふさ》とならんで、後醍醐天皇の「三房《さんぼう》」と言われた公家である北畠親房《ちかふさ》の息子。言わば貴族の貴公子です。鎌倉幕府が倒れ、後醍醐天皇が建武政権を始めたとき、東北地方を任せるということで陸奥守《むつのかみ》に任官されたのが、この顕家でした。当時まだ10代です。

こういうところも後醍醐天皇らしいのですが、あの人は基本的に字面だけで、やることがいつも絵に描いた餅。その傾向は後醍醐天皇だけではなく、後鳥羽上皇にもありましたから、偉い人に共通するのかもしれませんが、要するに誰かを配置してしまえば「はい、これで終わり」という姿勢を感じる。

後醍醐天皇にしてみれば地方行政をきちんと行う必要があって、顕家を東北へ送ったわけですが、任官した「陸奥国」は律令の区分としてめちゃくちゃ範囲が広い。

そもそも律令では、東北地方にふたつしか国が置かれていませんでした。日本海側に出羽《でわの》国《くに》で太平洋側に陸奥国《むつのくに》。どちらも広大で、出羽国は現在の山形県と秋田県。陸奥国は青森県、岩手県、宮城県、福島県と4県もの地域にわたります。

もしこの地域をきちんと治めようとしたら、まずその広大な地域の行政のあり方を変えるところからになるはずです。しかしとりあえず陸奥国に陸奥守を任命すれば、それについてはおしまい。

ただし後醍醐天皇がそれまでとやり方を変えたところもありました。

もともと県知事のような地方官に任命される貴族は、二流の家柄の出身者でした。たとえば北畠は代々大覚寺統に忠誠を誓ってきた貴族で、天皇と結びつきが非常に強い関係にある。しかし家柄としては大納言までしかいかず、大臣にはなれない。それでも地方官になるクラスではなく、中央官に就く格である。

そのため、陸奥守に任命された顕家は「私は地方に行くような家柄ではありません」と言ったのですが、後醍醐天皇は「朕の新儀は未来の先例」と答えた。当時は何事も先例を守ることが一番大事。だから「そんな先例はありません」と言った顕家に、後醍醐天皇は「自分は新しいことをやる。それが将来の先例となるのだ」と答えたわけです。そうして、言わば無茶ぶりの結果として、顕家は赴任していくことになりました。

顕家は、現在宮城県の多賀城にあった役所に赴任した。今は仙台のベッドタウンになっているところです。そしてこれはあまり知られていないのですが、その際、父の親房も息子に同行していました。先述した通り、北畠親房は、戦前、そして戦後にかけても「三房」の一人として後醍醐天皇の側近として朝廷の中枢にいたと見られ、そのことに疑問を抱かれることもなかった。しかし、その観方は誤りです。

北畠親房が書いた『神皇正統記《じんのうしょうとうき》』を読めばすぐわかるのですが、彼は武家の政権を肯定する、言わば武家容認論者でした。だから後鳥羽上皇が起こした「承久の乱」については「上皇が悪い」とはっきり書いている。政治については武家に任せて、その上に天皇がいる。つまり天皇が武士をこき使う仕組みこそ、親房の考えたこの国のベストな体制でした。

ところが後醍醐天皇は、武家に政権を任せるのは絶対ダメだと考えているので、一番大事なところで親房と意見が違う。だからこそ、後醍醐天皇が北畠親房を信任するわけはなかったのです。

実際に、建武政権が始まったとき、北畠親房は京都でのポストが与えられなかった。陸奥守になった息子がまだ10代だったことを考えて、また当時天皇より上皇のほうが偉く、つまり息子より父のほうが偉かったことを考えて、実質的に東北地方の統治に乗り出したのは、父の北畠親房だったはずと僕は考えるわけです。

逆に言えば、息子の顕家は、陸奥守といってもそれは名目。実質的には統治経験を積んでいない。苦労が足りなかったという可哀想ですが、若さゆえ、十分に経験を積むに至らなかったのだろうと思います。

顕家の若さと気質が邪魔をした

陸奥守となった顕家は東北地方にいる武士たちを組織し、とりあえず政治をやろうとした。しかし、そうこうしている間に鎌倉で足利尊氏が反乱を起こす。朝廷からは、北畠顕家に「鎌倉の尊氏を攻撃せよ」という命令が飛ぶわけです。

それで遠い仙台から鎌倉まで向かうのですが、既に尊氏は京都を目指して進撃を始めていた。そのため顕家はその後ろから京都まで攻め上る。そして京都で足利軍と戦い、見事に足利軍を破っています。結果、尊氏は九州へと逃げていきました。

北畠顕家は「よくやった」と褒められ、東北へと戻るのですが、帰ってみたら、なんと地元では武士たちが「建武政権とはやっていけません」と反乱を起こしていた。尊氏側として立ち上がっていたのです。

それで多賀城に戻ることができなくなった顕家を、一所懸命に支えた武士の代表が伊達。つまり伊達政宗のご先祖様です。

伊達は自分たちの本拠へ顕家を連れていく。現代で言えば福島県の伊達盆地、伊達郡にある霊山《りょうぜん》に拠《よ》ることになります。

顕家もこのときには既に親離れしており、親房は京都にいた。顕家は自分一人、霊山でなんとか多賀城を奪還すべく試行錯誤していた。しかしそれがうまくいかないうちに、足利尊氏が九州から攻めてきて、京都を占領してしまう。先に述べたとおり、比叡山に立てこもった後醍醐天皇は一時降伏。そして京都を脱出し、奈良の吉野で自身を真の天皇とする朝廷を開きます。

後醍醐天皇にとって、自分の命令が功を奏したという成功体験は一度のみ。北畠顕家が京都で足利尊氏を撃破した、それだけ。だからこそ、再び顕家のもとへ「軍勢を率いて、京都の足利軍を打ち払え」という命令が下るわけです。

顕家としては「またでございますか」と思ったことでしょう。しかしやむを得ず、再び兵を連れて京都へ進撃した。なお、その際の行軍速度はとても速かったそうです。なぜかというと食糧を自前では持たず、行く先々で略奪しつつ進んだから。そのため北畠軍の通った後は、草も木も残らない惨状だったといいます。

顕家は関ヶ原まで進みますが、足利幕府軍は、そこで食い止めるという作戦を立てていた。関ヶ原には「不破の関」という昔からの関所があり、そこから先は上方という防衛ラインになる。後に徳川家康の率いる東軍も、この地で会戦することになります。

このとき顕家には、新田義貞の援軍を待つという手がありました。新田義貞は、後醍醐天皇方で、比叡山には天皇とともに立てこもった武将です。しかし、足利に降伏しようとしていた後醍醐天皇にとって、徹底抗戦派の彼は邪魔となる。そこで北陸方面で新拠点をつくるように命じ、彼をそちらに去らせようとする。体のいいやっかい払いでした。

その後、天皇は早々に降伏してしまい、命懸けで助けてくれた新田義貞を簡単に見殺しにしてしまったわけで、こうした経緯からも、どうも後醍醐天皇の「帝徳の薄さ」が伝わってきてしまいます。

新田義貞は、命令どおりに北陸の越前、現在の福井県にいき、なんとか基盤を築く。そこに顕家が東北から軍勢を率いてくることになったので、自分の弟、脇屋義助を援軍として派遣します。

その時点で、北畠軍は岐阜県まで進出していました。北陸から岐阜の間には日本アルプスの山々がそびえており、その山々の狭間に富山から飛騨高山を抜けて名古屋にでる縦断ルートがある。義助の軍勢はそれを通って北畠と合流しようとしたのですが、ここで北畠顕家の若さが出る。「新田に手柄を取られてなるものか」ということで、援軍を拒否してしまった。結局、足利軍と単独で戦ったのが「青野ヶ原の戦い」です。その結果として、従来「勝負に勝ったが、そこで力尽きた」と語られてきました。足利軍に一応勝利したが、そこで京都まで行く力を失ってしまったと。

顕家は軍事を担当していたものの、まだ青年であり、基本的には貴族のお坊ちゃま。その気質が出たのでしょう。

死んでしまえばすべて終わり

しかし、これはおかしな話だとは思いませんか？　北畠軍の目的としては、関ヶ原を突破して、新幹線のルートのごとく米原まで出ることにあった。琵琶湖の南側を通って、京都まで軍勢を進めようと意図していたわけです。そして足利軍は、それを阻止しようとしていた。

実際に会戦の結果、北畠軍は関ヶ原を突破できなかったのですから、足利軍の防衛は成功したことになる。「後醍醐天皇は偉大で、愚かな武士たちはそのすごさを理解できなかった」というイデオロギーを抜きにし、虚心に考えると「足利軍が勝利した」と見てもいいのではないでしょうか？　この観方に誰も賛成してくれないのですが……。

北畠軍はやむなく転進。転進と聞くと、太平洋戦争のときは「退却」のことを「転進」と言い換えていたことが脳裏に浮かびますが、実際に転進し、鈴鹿の関を通って、大坂方面に出る。最終的に奈良で高師直《こうのもろなお》の軍勢と遭遇し、そこで決定的に敗北。北畠軍は壊滅し、顕家は堺で戦死してしまうことになります。

顕家は戦死する前に、吉野の後醍醐天皇に「このままでは負けてしまいます」という文書を作成して送っていました。そこには「まず地方分権を進めましょう。東北地方、北陸地方に小さな幕府をつくり、きちんとその統治を行う。その先で中央も盛り上げましょう。そうした政策抜きで、中央集権だけ進めるのは無謀です」といった提言が記されていました。

僕は、顕家の提言は正しいと思います。しかしその顕家が、北陸からの新田の援軍を拒否したのは矛盾ではないか。彼は懸命に戦ったわけで、それを「失敗」と断ずるのは正しい評価ではないと思うのですが、武士との距離感がわからなかったのは明らか。そのあたりがやはり貴族育ちの限界だろうと思います。

もうひとつ書き加えると、これも失敗とはまた違いますが、彼はもともと武士ではなく貴族です。であれば、戦いに負けても死ぬ必要まではなく、投降してもよかったのではないか。実は貴族が戦いの中で死ぬことは日本史上、あまり例がなく、この時期の彼らだけなのです。敗北しても貴族は普通、死刑にならない。

「承久の乱」の際に戦犯とされた貴族は斬首されていますから、死刑も皆無ではありませんが、それにしても戦いの中で死ぬ必要まであっただろうか。投降して生きる道を選ばなかったことを含め、顕家の失敗だったのかもしれません。

北畠親房の失敗

大覚寺統のみに仕えた北畠家

北畠家は、大覚寺統にのみ仕えた家でした。

「後醍醐天皇の失敗」のところで述べましたが、鎌倉時代、天皇家は大覚寺統と持明院統のふたつに割れた。教科書的な理解だと、貴族も割れて抗争していたようにとらえてしまいそうです。しかしそれは誤りで、貴族とはあくまで天皇に仕えるもの。大覚寺統であろうが持明院統であろうが、そのときの天皇に仕えるのが当然でした。

その中で例外的に、大覚寺統の天皇にだけ仕えるという家がいくつかあった。どうやら当時の貴族たちの間には「大覚寺統のほうがより正統だ」という意識があったらしいのです。そのうちのひとつが北畠家でした。

なお持明院統のほうにはひとつしかありません。それが、後に日野富子を出した日野家。足利将軍家の正室を出すことになる日野家ですね。鎌倉時代から既に政治的な貴族だったことがうかがわれます。

その北畠ですが、この家は大覚寺統だけに仕える貴族の中でもさらに特殊で2、3歳で元服してしまう。元服するのは一般的に15歳ぐらいで、それから貴族社会にデビューするのですが、北畠家の人々は幼くして、官位をもらうのです。なぜ、そうなったかはよくわかっていませんが。

ただし、この家と大覚寺統との繋がりははっきりしています。これも既に述べましたが皇位を巡って、後鳥羽天皇の直系と傍系の孫のふたりが候補になったことがありました。朝廷は直系を推していたのですが、幕府の後押しを受け、傍系にあたる邦仁王《くにひとおう》が天皇になった。邦仁王は本来、暮らしも豊かではなく、ひっそりと生き、ひっそりと死ぬ運命にあったはずですが、まったく想定外の経緯で後嵯峨天皇となります。さらにこの邦仁王にひっそり仕えていた、貴族社会でもかなり傍流の貴族が北畠家のご先祖さまでした。

自分の仕えていた人がたまたま後嵯峨天皇になった。それがきっかけで出世の道に入った家ですから、後嵯峨天皇の嫡孫である後宇多天皇に北畠親房は懸命に仕えました。

なぜ親房は左遷されたのか

既に記しましたが、その後宇多天皇は後醍醐天皇の父親です。しかし、この人は息子とは違い、幕府容認論者でした。そして、その天皇を支える北畠親房も当然、武家容認だったのです。

ここでの武家容認は「武家を重んじよ」という意味ではありません。「天皇のいうことに従う武家ならば良し」という前提があり、あくまでそのかたちで武家の権力を認めていた。それでは「武士はダメ。絶対」の後醍醐天皇と合うはずがないのです。

だから建武政権が京都で始まった際、親房は左遷されたわけです。京都にポストがないので陸奥守となった息子の顕家のところに転がりこみ、東北地方の支配を手伝った。いや、顕家はまだ10代でしたから、親房が実質的な統治に当たっていたと見るべきなのでしょう。

そして足利尊氏が後醍醐天皇から離反したときには軍隊を編成し、東北から京都まで遠征して足利軍を破る。それだけ優勢な軍隊を編成できたということは、親房は優れた手腕を持つ有能な人だったと思われます。

足利軍を破った後、親房は京都にとどまりました。一方で顕家は単独で陸奥に帰ろうとするも、多賀城に入ることができず、福島県で止まってしまう。そこから再び京都にくるよう言われると、親房がいたときほど優勢な軍隊は編成できず、顕家は敗死してしまうことになります。

息子を亡くした親房は、吉野にとどまっても後醍醐天皇の力を回復することはできないと考えた。回復するにも息子が献策していたように、地方分権が大事。そこで後醍醐天皇の皇子、義良親王を奉じ、関東を目指して船出します。もしかすると最初から関東を目指したわけではなく、東北の多賀城を目指し、そこで再び軍勢を率いることを考えていたのかもしれません。

いずれにしろ、その船は途中で難破してしまいます。親房たちは散り散りになり、義良親王は吉野へ帰る。親房は茨城に上陸します。彼は貴族でありながら、諦めない、不屈の人なのです。

当時、茨城の有力者として小田という家があったのですが、その後ろ盾を得ることになる。しかしその小田城は落ちて、その後、関城の関氏、大宝城の下妻氏を味方にして北朝側の勢力と戦い続けた。しかしどちらも小さい勢力なので、いつ潰されるかわからない。そうした緊張感の中で、彼は『神皇正統記』を書きました。なんの資料もなく、あれだけのものを書いたわけですから、どれだけ頭の中に記憶していたのだろうかと驚かされます

やがて頼りの関も戦さに敗れると、親房は命からがら脱出し、それで吉野に帰った。彼が帰還した前か後かはわからないのですが、この時期、後醍醐天皇が亡くなります。その後、かつて一緒に関東を目指した義良親王が後村上天皇として即位します。

そうなれば、南朝側の頼りは北畠親房となり、彼が総司令官を務めることになる。

北畠親房は北朝との戦いの作戦指導を行うのですが、そこはさすがに貴族ですから、なかなかうまくいかない。しかし、そこに千載一遇の好機が転がりこんでくる。北朝を支えていた足利家のふたりの兄弟、尊氏と直義が戦争を始めたのです。

親房の失敗は武士の柔軟さを見誤ったこと

北条高時のところで「武士には階層がある」という話をしましたが、やはり当時の人たち

は「自分より上の階層の人を担ぐことで、自分の行動を正当化する」のが、重要な原理だったらしい。

だから鎌倉の土着の御家人たちは将軍を担ぐ。将軍は将軍で、さらに天皇を担ぐという構造になっていた。だからこそ天皇家はずっと続いてきたのだと思います。

尊氏と直義の争いでも、それぞれが「自分が正しい」と主張するわけです。ではその正しさを誰が認めてくれるかと言えば、天皇ということになる。片方が北朝の天皇を担いだら、一方は南朝の天皇を担ぐという、奇妙な状況が生まれました。

やがて尊氏と直義の兄弟の争いが最終局面を迎えると、直義は鎌倉へと落ち延びます。とどめを刺すべく、尊氏は鎌倉に向かおうとするのですが、京都を留守にしてしまえば、そこを南朝側に突かれる恐れがあった。その事態だけは避けたいということで、尊氏は南朝側に和議を申し込む。

そこで北畠親房は尊氏の足元を見て、当時の北朝の崇光天皇を退位させて、南朝側の後村上天皇だけが皇位にあることを条件にします。そして尊氏は「わかりました」と、あっさりこれを飲む。当時、元号もふたつ使われていたのですが、これで南朝側の「正平《しょうへい》」に統一されることになりました。そのためこの和議は「正平の一統」と呼ばれます。

尊氏は京都を守りたいというだけで、それまで担いできた北朝の天皇を廃止してしまった。尊氏個人の性格もあると思いますが「当時の社会では、天皇の価値はその程度でしかなかった」と見ることもできるでしょう。

それで尊氏は軍勢を率い、鎌倉へと向かいます。さあ、そこで残るのは二代将軍・足利義《よし》詮《あきら》と留守部隊だけ。そしてこの義詮は、ぼんくらを絵に描いたような人でした。

ここで北畠親房が動く。「尊氏は北朝の天皇を退位させてまでして和睦したのに、その約束を破るのはよくないのでは?」と言いたくなりますが、親房は、ここで勝負しなければ男ではないとばかりに、がんばる。

南朝側は一方的に和議を破棄し、京都に軍を進めます。当時の南朝が動員できるのはせいぜい2000から3000人。しかし古来よりいくつも例がありますが、どうやら京都には防御線がないのでしょうか、守るのが難しく、攻撃はしやすいらしい。あっという間に京都へと侵入し、北畠親房はついに18年ぶりに京都へ帰還を果たすことになります。

「京都よ、私は帰ってきた！」

このときの親房の心境たるや、得意の絶頂だったことでしょう。

後村上天皇も、京都の目と鼻の先である石清水八幡宮がある八幡まで来ていた。しかし、一度は京都から逃げた義詮も、さすがに態勢を整えて逆に攻勢に出てきます。

すると今度は京都の守りづらい性質が自分の不利となり、親房も八幡に下がり、そこで陣地を構えることになる。ここは、後に明智光秀と羽柴秀吉が戦った天王山があるところなのですが、関ヶ原はもちろん、古来より戦場になる場所は、不思議と同じ土地になるのですね。

そして足利軍に敗北し、南朝軍は吉野へと帰っていくことになるのですが、このとき親房はどさくさに紛れて北朝の光厳《こうごん》、光明《こうみょう》、崇光《すこう》という3人の上皇と、花園天皇の皇子（光厳が実は自分の子だとカミングアウトしていますが）直仁親王の4人を拉致。吉野に連れていってしまう。しかも三種の神器まで接収して持ち去ります。

「これでもはや、京都に天皇を立てることはできまい」

親房は見えを切るのですが、ところがそうはいかない。天皇の血を引く人は求めればいる。それでお坊さんになる予定だった光厳天皇の第二皇子（第三皇子という説もあります）が急遽、天皇に即位して後光厳天皇となりました。

三種の神器が無いのに天皇に即位してもいいのか、と言いたいところですが、この点については、北朝側の佐々木道誉《ささきどうよ》という〝バサラ（常識外れの）大名〟が中心となって、八幡の陣営跡へと人を派遣し、神器のうち鏡が入っていた唐櫃《からびつ》を見つけ出してくる。その唐櫃を神器に見立てて、天皇にしてしまったのです。

バサラ大名の第一人者、高師直が「天皇が必要ならば木や金で彫っておけ」と言ったという『太平記』の記述は有名ですが、当時、北朝を担いでいた武士たちは、伝統も儀式も、はなから眼中になかったのです。「三種の神器がなければ天皇になれない」という伝統に縛られることなく、神器の容れ物を使って即位を実行してしまった。

武士がそこまでやるとは思わなかった……。

これを北畠親房の失敗と言っていいのか、どうか。親房としては、武士のでたらめぶりに呆れて苦笑していたかもしれません。観方を変えれば、武士は、親房が考えていたほど愚かではなかった。伝統や儀式の都合にとらわれることなく、天皇を立ててしまう柔軟さを持ち得ていた。

ただ親房は親房で、そうした武士に対して「なんてことをしやがる。でも邪魔だからとりあえず戦うか」と、あらためて闘志を燃やしていたようにも思います。なんといっても彼は不屈の人ですから。

第三章　室町時代の失敗

春屋妙葩の失敗

仏教は日本でどのように広がったのか

なぜこれまでの日本の歴史の中で、現代まで残るような哲学が生まれなかったのでしょうか。その理由もいろいろあると思いますが、ひとつには、空海の存在があった気がしています。

ご存じのとおり、空海は唐で密教を学び、日本へ戻ったのちに真言宗を開きました。同じ船で唐に渡った最澄は天台宗を開くことになるのですが、もともと学究肌だった最澄さんの姿勢は、基本的に「地道に努力して研鑽を積めば、やがて悟りを開いて仏になる」というものでした。

しかし空海の姿勢はお祈りや護摩《ごま》を焚いたりして加持祈禱《かじきとう》をし、いずれ即身成仏になるといった、やや魔術的なもの。言わば「考えるな、感じろ」という方針でしょうか。もちろん空海は偉大な思索者でもあるのですが、そうした面が強調されたのです。

もし当時の知的エリート層だった貴族が最澄を支持していれば、日本の仏教も教学が大事にされて、より哲学的になっていったと思います。しかし「地道に勉強などやっていられない」ということだったのでしょうか、実際は空海の密教を支持した。

もともと貴族は、中国から律令を輸入し、精緻な法体系を理解する能力も持っていたし、それを日本風にアレンジする知性も備えていた。しかし平安時代になると、知的活動も停滞したのか、勉強よりもお祈りの神秘性にひかれ、最澄の天台宗までそれにならって密教を取り入れるようになっていきます。

キリスト教やイスラム教には神学の分厚い伝統があるし、中国も春秋時代に「諸子百家」が現れた。激しい歴史があったからこそ、切磋琢磨する学問風土ができたのかもしれません。それに比べて、日本の歴史はややぬるかったのでしょうか。「深い思索」というものがなかなか根づかなかった。

それが少し方向修正されたのが、鎌倉時代。武士が台頭した時期です。武士とはもともと在地の領主でした。つまり各地の名もなき庶民の代表者であって、武士が台頭する中で、彼らを支える庶民もまた目覚め始めていたのです。

殺し合い、奪い合いの日々の中、武士や名もなき庶民が「どうすれば私は救われるのか?」という問いを持つようになっていく。その問いに応えるように、たとえば浄土の教えや日蓮の教えが現れ、鎌倉時代の初期に宗教は活発さを取り戻していきました。

そうした中で、僕が日本史上、最高の天才と考えている道元も登場した。彼の書いた『正法眼蔵《しょうぼうげんぞう》』は、今読んでもとても難しい。しかし非常に緻密な論理性を持っています。

その道元の開いた曹洞宗は、禅宗の中で変容していく。道元が亡くなったあと、曹洞宗に瑩山紹瑾《けいざんじょうきん》という禅僧が出るのですが、この人が難しい禅宗を、わかりやすいかたちで広めていった。道元自身の場合、若いうちは在家の、出家していない人の成仏も認めていたのですが、やはり最終的には出家しないと成仏できないという、厳しい姿勢になっていった。

しかし瑩山紹瑾は、完全に「在俗のまま、普通の生活を送りながら、仏教を学びましょう。仏教に親しみましょう」という、わかりやすく、親しみやすいスタンスで教勢を伸ばしていくのですね。特に東北地方ですごく広がっていく。

わかりやすさはたしかに大切です。たとえば仏典について「いかに論理的に解釈していくか」という領域だけで大きな仕事を残しても、あまり名前は広がらないし、後世にも残らない。「わかりやすく教えを広めること」と「解釈を深めること」の両方ができたような人が歴史に名前を残すのでしょう。

そのため、僕は鎌倉時代の仏教の革新は「易行《いぎょう》」にあったのだと思います。易行とは易しい教え。「人に優しい」という優しさと「簡単な」という易しさは、時に同じ意味を表現するのかもしれません。救われるためには、厳しい修行や深い思索は要らない。お金のかかる経済的負担も必要ない。そうしたハードルは一切不要で、勉強も修行もなしに、ただ「南無阿弥陀仏」と唱えれば、それだけで浄土へ行くことができる。「南妙法蓮華経」と唱えれば成仏できる。そうした教えが鎌倉時代に出てきた。ここに革新があったのです。

そして日蓮や法然のような人たちも、経典の深い理解や厳格な思索を経て、そうした「易しい教え」に到達していったというわけです。

ただし、仏教についてはそれを受け止めた次世代については易しい部分だけ継承し、難しい部分に重きを置かないという様相になっていく。たとえば禅宗では「只管打坐《しかんたざ》」、つまり「ひたすら座れ」といったことを言います。座るだけならお金もかからず、誰にでもできる。こうした点を鑑みれば、すごく厳しい修行を行う面もあるにせよ、禅宗という宗教は、広く言ってやはり易しい仏教の一環と思います。

なお禅宗は、鎌倉時代に中国からやってきた高僧が、その最先端の教えを日本に紹介してくれたものです。中国大陸では儒教や道教が切磋琢磨し、日々新しいものを求めて前に進んでいたわけですが、その中にあった禅宗の考えが入ってきたわけです。海外の新しい動きがダイレクトに伝わるという意味で、禅宗は生きた宗教でした。

もうひとつ、鎌倉時代の禅とは、武家の宗派をも意味していました。どういうことかと言えば、もともと日本では、エリートの代表的な仏教宗派として、真言宗と天台宗がありました。これらでは僧侶の人事を、最終的に天皇が決めています。

しかし禅宗の場合、僧侶の地位を決めるのは将軍です。まさに禅宗は武士の宗派だった。実際に鎌倉幕府は禅宗を非常に擁護し、それで鎌倉五山というお寺が生まれ、禅が武士の心をつかんで行くことになります。

十方住持制から徒弟院制度へ

南北朝時代になっても、当時の知的エリートには「生きている宗教」である禅宗に傾倒していく人がいました。その中の一人が、後醍醐天皇のところで「哲人天皇」と述べた花園天皇です。

ところが室町時代、それも中期になると、この禅宗もかなり変質していきます。

室町時代初期の一時期、禅宗は「十方住持制《じっぽうじゅうじせい》」という、極めて特異な形態を取っていました。「十方」とは平たくいえば諸方、各地のこと。住持とは寺のあるじ。禅宗に限らず、当時は住職とはせず、住持と呼んでいました。ですので「十方住持制」というのは各地の住持のことを意味するわけです。

禅宗の僧侶が修行をして、どこかのお寺の住持になる。そこでまた宗教者として、優れた禅宗の僧侶であるという結果を出すと、出世をしていく。禅宗では五山十刹、諸山というように寺の格づけがなされますが、十方、つまり諸国に築かれたお寺の住持を務めながら偉くなっていく。偉くなるにつれて都に近づいていき、最終的には京都の大きなお寺や、鎌倉の大きなお寺の住持となる。こうした、ある意味で健全な競争制度があったのです。

鎌倉後期の天皇家もそうでしたが、競い合う環境があると、その分野は活気づくのですね。健全な競争のもとに、禅宗への理解も進み、そこに哲学が生まれてくる可能性も十分にあったと思います。

当時の有名なお坊さんに、夢窓疎石《むそうそせき》がいました。この人は足利尊氏、直義の兄弟にも帰依を受け、後醍醐天皇から「夢窓国師」の号を与えられた禅僧です。偉い人たちに、宗教的な意見を述べる立場にいたわけです。

ところがその「十方住持制」で発展してきていた禅宗も、室町中期になると宗教性をなくしていく。その契機になった人が、春屋妙葩《しゅんおくみょうは》だったと僕は思います。

この人は夢窓疎石の実の甥です。彼が始めたのが「徒弟院《つちえん》制度」でした。これは要するに世襲にも似た、先生と弟子の関係を重視する制度です。この人の弟子でなければ住持になれませんよ、というお寺を禅宗の中に作っていった。

「十方住持制」であれば、どんな人でも禅僧として優れた業績を残せば、大きなお寺に入ることができました。先生が誰だとか、そういうコネクションはあまり関係がない。ところが徒弟院制度では、たとえば夢窓疎石の弟子だけで作られたグループなどがあったりして、「そのグループに属する人じゃないと、このお寺を継げません」となっていく。

禅寺の僧侶は奥さんをめとることができません。なので、お寺を自分の子どもに継がせることもできない。しかし先生から弟子、その弟子からまた弟子へというかたちで、一子相伝していく世襲の世界がこの「徒弟院制度」を通し、禅寺にまで及ぶことになったのです。

ある先生の弟子でなければ寺を継げない、というのは、実は真言宗や天台宗では、もともと一般的なことでした。しかし健全な競争を取り入れていた禅宗まで、「この人のお弟子さんになれれば安泰だ」といった、日本ならではの世襲にも近い制度が生まれてしまった。その中心にいたのが、春屋妙葩だったのです。

禅宗の世俗化が日本の哲学不在に結びついた

徒弟院制度が広がると、禅寺はもはや激しい修行の場ではなくなっていく。もちろん春屋妙葩自身が、修行を否定したわけでは決してないでしょう。しかし春屋の「競争よりも縁故を重視する」という宗教者としての態度が、禅寺が世俗化する流れを作ってしまった、とは言えると思います。

その後、室町時代の中期の禅僧は、やたらと数字に強くなっていく。その結果として、荘園の代官などを禅宗の僧侶が請け負ったりするようになり、それまでの宗教活動とは少し違う経済活動のほうに従事する人が現れる。

もともと禅宗の僧侶は、先に述べたように中国との関係が深い。そのため宗教だけではなく、漢詩や漢文を通じて中国的な教養も学ぶなど、学問的な素養も必要とされた。

そうした教養の中に数学もあって、今で言えば理系分野でしょうか。数字を扱うことを特に得意とする人が出てくる。そうした人たちがお金をしっかり管理して、利益を出し、お寺の経営面を支えて、それで宗教活動を行うという仕組みができていきます。さらには、そうしたノウハウを持っているお坊さんを、貴族や有力な武士の荘園領主がヘッドハンティングし、荘園の代官に据えるようなことも行われていく。

つまり、それまでの有力な人の弟子でなければ出世できない、という状況が一部変容し、自分の計算の才能を使って管理をするとか、あるいは高等遊民のように詩を作ったり、文章を作ったりしながら暮らすとか、宗教者というより、経済人や文学者のような禅僧が現れていく。それでより世俗化が進むことになります。

その状況を辛辣に批判したのが、とんちで有名な一休さんです。一休禅師は、そんなことではダメだ。僧はより宗教的な厳しい生き方を求めるべきだと、先輩にあたるような禅僧たちを厳しく批判していく。

しかしその一休さんですら、結局、傍流の人にならざるを得ない状況だったのが当時の禅宗であり、保守本流としては、筋目の正しいお坊さんが重んじられることになる。

そして、そちらのお坊さんは、切磋琢磨して経典理解を深めたり、厳しい修行をするより、ゆとりを持って文章を書いたり漢詩を書いたりというような生活のほうが中心となる。結局、哲学が生まれるような深い思索の機会がここでもまた失われてしまう。

最澄が出てきて、思索を追究することが大事にされるのか、と思えば、空海のほうがみんなに支持されてしまう。十方住持制を用いて健全な競争をしようと思えば、世襲にも近い徒弟院が出てくる。やはり日本では、そうした易化の動きが強いのですね。

こうした背景を踏まえて、日本における哲学の不在が僕には結びついて考えられてしまうのです。

斯波義将の失敗

名門斯波家と足利将軍家の深い関係

斯波《しば》義将。普通は「将」の字をマサと読みますが、彼の場合はシバヨシユキと読むらしい。「ユキ」というかなが振ってある文書が今も残っています。

ヨシマサとは呼ばない斯波義将は、南北朝時代から室町時代の初めに活躍した武将、斯波高経《たかつね》の息子です。斯波家は足利一門の中でも非常に家格が高い家で、鎌倉幕府の中でも独立したひとつの御家人として位置づけられていました。

たとえば細川家なども足利一門ではあるのですが、こちらは独立した御家人というより、足利本家の家来筋。それと比べると吉良、畠山、斯波といった名門家は、足利本家と対等に近い、独立した御家人という地位にありました。だから斯波高経は自分のことを「斯波高経」とは称していません。「足利高経」と名乗っていた。

当時、幕府の実権を握っていたのは執事。高師直も任命された立場です。この執事が後の管領になっていくこともあり、それだけ権力も大きいのですが、商家であれば番頭さんのようなポジションでしょうか。だから執事に就任してくれ、と相談された高経ですが「それは家来がやるもの。自分は足利一族だから執事などやらん。それは家名を汚すことだ」と断固、断っています。

そんな風にいばっていたと思われる高経、なにか実績があるのかと言えば、ある。彼は新田義貞を討っているのです。新田義貞は越前、現在の福井県に拠点を築き、勢力を持っていた武将です。それを追討する役割を担い、実際にやり遂げたのが高経でした。彼はそのまま越前を本拠とし、斯波家はそこで有力な守護大名として発展していくことになります。

この斯波高経は、直義党でした。つまり足利尊氏ではなく、弟である直義の支持者。直義が亡くなった後、直義の養子だった直冬が直義党の党首を務めますが、彼が京都の幕府に総攻撃を仕掛けた際には越中、つまり富山県にいた桃井直常という、これもまた戦争のうまい守護大名と協同。それでかつての木曽義仲のルートを踏襲することで、越前から京都まで攻め上っています。

直冬と足利本家の争いが一段落し、降伏した後は、斯波も足利本家に従うようになる。そのようにして高経の息子、義将の代になって、幕府政治に深く関わっていくようになります。

その斯波義将にとって最大のライバルだったのが、三代将軍足利義満を育てた細川頼之です。二代将軍義詮《よしあきら》は、幼い義満を頼之に託し、若くして亡くなります。頼之は細川一門の中で義満を育て、彼が成長した後は将軍の補佐役にまわりました。そうして政治的に大きな力を持つようになった。

細川と義満の政策に、なにか独自路線はあったのかと言えば、これも大いにありました。祖父の尊氏、父の義詮と違い、義満は若いころから貴族として出世していくのです。

尊氏と義詮は大納言で止まり、それ以上は望みませんでした。もちろん実際には、そもそも北朝の大スポンサーが足利将軍家ですから、天皇でさえ足利の思惑で替えられてしまうわけです。だから大納言と言っても名前だけの話。大臣になる貴族であろうと、将軍にぺこぺこ頭を下げていた。それでもやはり大臣にはならなかった。あるいは、なれなかった。

ところが足利義満は、貴族としてもしっかり出世をした。それは名目だけでなく、貴族としての教養もきちんと身につけたうえでの出世です。

貴族にとっての大事な教養とは、朝廷の儀式の一員として振る舞うことができるかどうかということ。しかも大臣ともなれば、儀式の監督を務めることを意味する。特に左大臣というポストは重要で、朝廷全体の儀式を統括しなければなりません。儀式とは、四六時中先例ばかり考えている貴族が、過去に積み重ねてきた膨大な細かい儀礼から成立しているのですが、義満はその教養をちゃんと身につけていた。

義満は将軍ですから、もちろん武家としても大きな力を持っています。そして彼は貴族としても力を持ったことで、貴族社会もどんどん吸収していく。ついには天皇権力まで吸収していくことになります。

しかし、子どものころの義満が「よし、俺はしっかりと儀礼を学び、おじいちゃんやお父さんと違って、貴族としても偉くなるぞ!」と意識していたかと言えば、そうではないと思う。それはやはり彼を育てた細川頼之の判断、影響が大きかったのではないでしょうか。

義満には、二条良基という、文化的にも大きな仕事を残した藤原本家の大貴族が家庭教師としてついているのですが、それを頼んだのも、おそらく細川頼之だと思います。

よく「室町王権」という言い方がされますが、室町王権は、将軍の権力を持ちながら、天皇の権力まで包括し、機能していく。それで貴族たちもみな、足利義満の家来として振る舞うかたちになっていくのです。

その総決算として、義満が日明貿易を始めたとき、明の皇帝から、日本国王源道義《げんどうぎ》と認められた。当時の東アジアの覇権国であり、言わば天皇よりもさらに上の存在である中国の皇帝から、「おまえが日本国王、日本のトップだ」とお墨付きを得たわけです。このお墨付きもまた、義満による朝廷をも包含した政治路線の中に位置づけられると思います。

そしておそらくその路線に対抗したのが、斯波義将でした。

義将は、斯波グループのような勢力をつくり、「康暦の政変」を起こして、一度は細川頼之を追い落とすことに成功します。そのとき斯波義将のもとに集まった勢力が、まさに旧直義党、足利直義、足利直冬グループのメンバーでした。具体的には山名、大内、美濃の土岐。そして宗教的には春屋妙葩。先のところで述べた「十方住持制」を後援したのが、おそらく細川頼之だったと僕は考えているのですが、対して斯波義将は春屋妙葩を応援することで「十方住持制」に歯止めをかけたことになります。

義満＝頼之の将軍権力を否定した義将

細川頼之の力の源泉は足利義満です。義満が成人して、言わば「頼之離れ」をし、独自路線を歩み始めたようにも見られるのですが、僕には結局、頼之が用意した路線を、義満はそのまま進んでいったように思えるのです。

足利義満が将軍としてなにを行ったかというと、足利将軍家の権力を確立するため、有力な守護大名を潰していきました。まず１３９０年に潰されたのが土岐家。１３９１年が山名で、１４００年が大内です。これ全部が斯波義将グループで、さらに元をたどれば、足利直義グループに連なる。義満は、この連中を次々に潰すことで義将の力を削いでいった。

一方で、細川頼之の細川家は、将軍と一体になって繁栄していく道を歩む。そして将軍家の権力は細川家と結びつく中で確立されていったと僕は見ています。

頼之は、一度権力から排除されたわけですが、そこから彼の反撃がはじまる。やがて実際に復活を遂げ、１３９１年に京都に戻ってくる。おそらく京都を離れている間も義満とのやりとりは続き、前年の土岐征伐にもきっと関係があったでしょう。

そして京都に戻った後、足利氏にとっても、そして細川家にとっても最大のライバルだった山名を打ち破る。それを見届けた頼之は、１３９２年に安心してあの世へ旅立つことになります。

この１３９２年は、南北朝の合一の年でもありました。南北朝が分かれた状態で続いていたのは、僕は「そのほうが室町幕府にとって都合がよかった」ためではないかと思います。

室町幕府は北朝を応援しているのですが、南朝も残しておいた。かつて鎌倉時代に持明院統と大覚寺統に皇統を分けることで、朝廷のエネルギーを消費させたように、あえて天皇家の力を分裂させておきたかったのではないか。

しかし南北朝時代が60年近く続き、足利家の権力もしっかり確立した。もはや北朝も恐るるに足らず。その結果、南朝も不要となり、南北朝の合一が実現。最大のライバルである山名がいなくなった次の年に合一が行われたのは、そういうことなのだろうと思います。

そして斯波義将なのですが、細川頼之が排除された後に、管領となっていました。彼自身は非常に優秀な人物だったので、細川頼之が復活してきても失脚はしなかった。

この斯波義将の立場が明確によくわかるのは、義満が亡くなった後です。義満の没後、その息子の義持が四代将軍となるのですが、この人は父親に愛されなかった人で、そのためか、将軍になった後、父のやったことを次々とひっくり返していく。

たとえば日明貿易をやめてしまう。また義満は、自分の寵愛した男子を大きな、責任のあるポストにつけていたのですが、そのポストも剝奪した。

もっとも驚くべきは、義満が亡くなった後、朝廷から「義満様に上皇の名を贈りたい」という申し出があったということ。

上皇とは太上《だいじょう》天皇の略称です。もと天皇位にいた人が位を降りると、この太上天皇と呼ばれるようになる。しかしときどき、自分の子どもが天皇になった人に対しても、上皇の称号が送られることがありました。そうしたケースは鎌倉時代もあったのですが、その変形ヴァージョンとして、義満に上皇の名を送りたいという申し出があった。これは本来なら最高のプレゼントです。しかしなんと、義持は「結構です、要りません」と断ってしまった。

これは、そこまで父親のやってきたことを否定していた、ということの表れだと思います。その義持がもっとも信任していた人物が、斯波義将でした。斯波義将にしてみれば天皇は天皇、将軍は将軍。朝廷は朝廷、幕府は幕府と、きちんと分け隔てしておきたいという感覚だったのでしょう。

天皇まで含み込んだままで室町王権を構成しようとする、義満＝頼之の将軍権力。しかし義将の考えかたは、それをまったく否定するものだった、というわけです。

時代の変化にはいち早く対応せよ

ここでもまた思い出されるのが、そもそもの始まり、足利尊氏と直義の争いです。尊氏は京都に幕府を作るべきと主張した。ところが直義は、幕府は幕府、朝廷は朝廷とし、武士である我々は再び鎌倉で政権を運営するべきと主張した。

しかし結局、尊氏の意見が通り、京都で幕府を作ることになるのですが、そこで直義を支持した人たちが、やがて斯波義将のもとに結集し、足利義満と対立した。つまり斯波義将の哲学は、もとをたどれば直義から受け継いできたものだったと思われるわけです。

それは構図としてもきれいにまとめられます。京都に政権を移し、天皇と将軍が一体となった王権を作ろうとした尊氏に連なる、義満と細川頼之の系譜。そして鎌倉で武士の政権を運営しようと考えた、直義の思想の流れを汲む斯波義将のグループ。

そしてこれが後年の「応仁の乱」へ繋がり、そこでまた、同じ構図が描かれることになるのです。

そこでの西軍には、山名を中心にして土岐、大内がいた。義満の時代に一度は潰され、そこから力を取り戻してきた家です。一方で東軍は細川グループ。唯一、細川グループから鞍替えして西軍に移籍した一色家があるぐらいで、ほかは同じ。

だから「応仁の乱」の実態とは、足利幕府の最初、尊氏と直義の争いからずっと繋がってきた火種がまた燃え上がったことになる。この見立ては僕が言い出したことですが、繰り返しますが、実際、その構図は見事に成立しているのです。

ただし、その「応仁の乱」の諸勢力に肝心の斯波家の名前が出てこない。本来、斯波家は細川家、畠山家、斯波家と並んで、管領になる三つの家のひとつ。畠山家は東軍西軍にまっぷたつに割れてしまっていたのですが、斯波家は、西軍の中心になっていてもいいはずの家です。しかし現実として「応仁の乱」の時代、斯波はすでに勢力を失っていました。

斯波家の本拠地は先に述べたように福井県、そして愛知県の尾張です。尾張は、後に織田信長がそこから天下統一を目指したほどに豊かな地域ですが、福井も当時盛んだった日本海貿易の重要な港があり、京都経済にとって重要な地域でした。

なお日本列島を東西に分ける場合、この福井と尾張、さらに美濃の岐阜県を加えたラインで分けるのがもっともシンプル。斯波氏はまさにこの地域を根拠地にしていたわけで、日本列島の東西のバランサーとしての位置にあった。

東には武家の本拠地、鎌倉があり、畠山ももともと関東の出身でした。一方の細川は西の四国に領国を持っていました。そして斯波家はその東西へ目配りができる立場にいたはずでしたが、時代が経過していくに従って、東の鎌倉の力がどんどん衰退してしまう。

たしかに農業生産において関東平野は非常に重要なのですが、当時の室町幕府が、農業生産よりも経済を重視していたという事情がその背景にありました。

そして経済のことを考えれば、その中心はやはり京都です。さらに言えば、堺。堺が京都の港として機能し、瀬戸内海の海運を通して、朝鮮半島、中国大陸にまで船が出ていた。そうした中、四国に領国を持つ細川は、物流のメインストリートである瀬戸内海を抑えていたわけです。だからこそ経済の価値が高まる時代、細川は政治的にも経済的にも力を蓄えていくことになります。

それに対して山名は、山陰に領地を持っていた。先に述べたように当時の国内交易は日本海側が中心。太平洋側は海が荒く、かつての北畠親房のように難破するリスクが高かったのです。そのため山名は、日本海交易の権益を握ることができた。しかも山陽にも領地があったので瀬戸内海交易にも参加することができた。

だから「応仁の乱」とは、視点を変えると「瀬戸内海の覇者は誰だ」という争いでもあったのです。だからこそ、山口県を持つ大内まで絡んでくる。

大内は博多商人と繋がりが深く、細川は堺を抑えていた。「応仁の乱」の後、細川と大内は中国の寧波《ニンポー》で両勢力がぶつかる「寧波事件」（１５２３）を起こしています。言わば博多商人と堺商人の「中国貿易をリードするのはどちらだ」という代理戦争でしたが、このときは大内が勝利する。

細川、山名、大内。経済をめぐってせめぎ合うプレイヤーたちでしたが、その中で西にバランスが傾き、主力産業が農業である東が衰退していく。こうした歴史的な動きに、斯波家は乗ることがありませんでした。そうすると東西のバランサーの立ち位置自体が、意味を失っていったのです。

その経緯を踏まえれば、斯波家が衰退した理由、そして斯波義将の失敗とは、東西のバランサーという立ち位置に、満足してしまったことでしょうか。もし時代の変化が見えていたのなら、越前・尾張のポジションで満足することなく、尾張を捨ててでも四国に領国を持つよう、早々に動くべきでした。

しかし現実としては「応仁の乱」の時代に、斯波家は見る影もない状態になっていた。さらに越前は朝倉に、尾張は織田に奪われることになってしまいました。

三宝院満済の失敗

満済はどのようにして足利将軍家に食い込んだのか

三宝院満済《さんぼういんまんさい》は、若い時、さぞ美しい少年だったのでしょう。彼はもともと足利義満の寵童で、満済の「満」の字も、足利義満からもらったものでした。

満済は、今小路という貴族の家の出身です。藤原本家は、近衛とその分家の鷹司、さらに九条と、その分家である一条と二条という、五つの家によって形成されており、これらの家の出身者が摂政や関白に就いていました。今小路家は、その中の二条家の、さらに分家になります。

なので、今小路家出身者は大納言まではなれても、その上の大臣にはなれない。一流の貴族ではありますが、超一流ではない。そんな家でした。

その今小路家に生まれた満済は、お坊さんになって義満にかわいがられました。義満は彼に、醍醐寺を構成する寺院のひとつ、三宝院の門跡を継がせます。

三宝院に入ることには、実は特別な意味がありました。もともと鎌倉時代から醍醐寺は真言宗の中で中心的なお寺のひとつで、現代でも大きな力を持っています。さらに醍醐寺の中にもいくつか有力な寺院があり、特に三宝院と地蔵院が勢力を持っていました。

そうした中、鎌倉時代の末に三宝院賢俊という人が出ます。この人は僧侶でありながら、足利尊氏について戦場に出ています。彼自身が戦ったわけではありませんが、危険を顧みずに尊氏のために戦場で祈った。まるで武士のように、命を懸けて尊氏に忠節を尽くしたのです。

賢俊は外交面でも、大変に大きな功績を上げています。

後醍醐天皇に朝敵とされた足利尊氏は、現代の兵庫県にある室津というところで会議を開きます。そこで北朝の光厳上皇に連絡をとり「朝敵を討て」という命令をもらうという案を決めた。上皇の命令は「院宣《いんぜん》」と呼ばれますが、これをもらえば、尊氏は自分の立場を正当化し「官軍」となることができるのです。

しかし問題は、その折衝に誰が当たるか。各地戦争状態で非常に治安が悪い中、京都まで赴く必要があった。そこで手を挙げたのが賢俊です。彼は「自分は坊主なので、戦場を行き来しても、あなたたちより安全だ」と言いました。

しかも賢俊は日野家の出身です。日野家は北朝の、持明院統だけに仕える家。北畠親房の話題で、南朝の大覚寺統だけに仕える家がいくつかあったと述べましたが、持明院統だけに仕える家はひとつだけ。それが日野家でした。つまり北朝とは非常に縁が深く、使者にはぴったりだった。

そこで賢俊は戦場を越えて京都に行き、光厳上皇のもとへたどり着きます。交渉は成立し、上皇が書いてくれた院宣を持って、備後の鞆《とも》の浦《うら》にいた尊氏に手渡した。そのおかげで尊氏は朝敵の立場から脱することができたのです。

賢俊は、さらにもうひとつ大きな役割を果たしました。足利尊氏と弟の直義が争った「観《かん》応《のう》の擾乱《じょうらん》」のとき、尊氏のいない京都を北畠親房が占領。しかし二代将軍義詮の反撃に遭い、吉野に戻った。その際、三種の神器を持ち去ってしまったことは前に触れました。

神器がないと新しく天皇を立てることができない。しかし足利勢力は、三種の神器のうち一番格の高い鏡の唐櫃、つまり「容れ物」を見つけ出してきて、これを神器に見立てて天皇の儀をやってのけた。その唐櫃すら偽物だった可能性もありますが、それはともかく、この知恵を出したのが賢俊でした。

つまり彼は二度も足利尊氏を救ったことになる。そのため、尊氏も賢俊のことをおろそかにせず、彼は宗教世界のトップになります。室町将軍には、その体を護る護持僧というグループがいて、これに選ばれることが当時の僧侶にとって最高の名誉だったのですが、この護持僧の取りまとめを賢俊が担当しています。

また将軍の正室として、賢俊の実家の日野家の女性が送りこまれるようになり、三宝院は室町将軍に深く食い込んでいくことになりました。三宝院の門跡も日野家が世襲するようになり、その地位は幕府にとって非常に深い意味があったのです。

そしてその三宝院に足利義満は、自分がかわいがっていた男子を押し込んだ。義満は、こうした人事を臆面もなくやるタイプで、ほかにも自分のかわいがった相手を重要な地位に就けています。

ところが義満の息子である四代将軍の義持は、父親とそりが合わなかった。先述しましたが、義満が亡くなると、日明貿易を含め、父親の政策や人事をぜんぶひっくり返してしまいました。それこそ、義満の情実人事まで含めてすべて。彼自身も男色好きだったようですが、その中で切られず、そのまま地位が残されたのは三宝院満済、ただひとりでした。よほど満済という人が優秀だったのでしょう。

そして義持自身、禅宗について理解が深く、仏教に通じていました。そのため義持は当初、満済に宗教的なことをいろいろと諮問していた。そのうち世俗のことも相談するようになり、満済はそれに的確に答えた。結果、満済は政治にも関与を深めていくことになります。

満済は『満済准后《じゅんごう》日記』という日記を残していて、それを読むと、このあたりの経緯がわかります。義持は彼に深く帰依し、大名たちもそんな満済を大いに尊重するようになったようです。

将軍義教はくじ引きで決まった？

さて、そうこうしているうちに今度は義持が亡くなります。死の間際、後継者を誰にするのか確認しようとしても義持は「それは遺されるお前らで決めろ」と言い、死んでしまう。そこで諸大名は話し合います。義持に子はいたのですが、その息子も五代将軍になってすぐ亡くなっていた。しかし弟が４人いたので、それぞれの名前を書いてくじ引きで決めよう、ということになった。

そこで、管領の畠山満家が石清水八幡宮に行き、くじを引いた。そこにあった名は、青蓮院義円。天台宗の僧侶になっていた人です。そして本当にこの人が六代将軍の足利義教となりました。

そう書くと「義教は運によって決まった将軍」ということになりますが、しかしそれに異を唱えているのが、何を隠そう僕であり、本当に運頼りのくじだけで決められたわけではなかったと思います。恐らく八百長で、くじにはすべて青蓮院義円の名が書かれていたのではないでしょうか。この見解に賛成する人はさほど多くないのですが、この説にはそれなりの根拠も自信もあります。

満済がくじを用意して、畠山満家が引いた。つまり、このふたりが組めば八百長は成立する。状況証拠として、満済は義教が将軍となったのち、准后の位を与えられていることが挙げられます。

真言宗ではもっとも偉い僧侶を一長者《いちのちょうじゃ》と呼びますが、満済は一長者や大僧正を何回も経験し、真言宗のみならず、仏教界でもはやこの上ない地位を得ていました。しかしその彼がたったひとつ得ていなかった地位が、この准后だったのです。

太皇太后、皇太后、皇后、これらを三后と呼びますが、准后は、この三后に准じるポジションで。だから准三后とも呼ばれます。満済は六代将軍となった義教に、この准后を与えられた。これは要するに「よく自分を将軍とするようにまとめた。ありがとう」という意味合いだったのではないでしょうか。

その義教は、専制君主になろうとし、誰の言うことも聞きませんでした。むしろ貴族も武士も徹底的に弾圧し、次から次へと島流しにしたり、所領を没収したりしている。この人の代に守護大名がふたり暗殺されています。その義教ですが、畠山満家と満済の言うことだけには耳を傾けていました。

しかし永享6年（1434）、満家と満済が踵《きびす》を接するようにして亡くなると、義教は完全にコントロールを失い、やりたい放題になってしまう。最終的に播磨の大名、赤松満祐を失脚させようとして、逆に殺されてしまいました。「嘉吉《かきつ》の乱」（1441）と呼ばれる事件ですが、将軍が暗殺されたことで、足利幕府の権威は地に落ちてしまい、このあとは滅亡へと向かうことになります。

いつの時代も「トップは優秀がいい」とは限らない

なぜ満済は、そんな義教を将軍に選んだのでしょうか？　意外なことに、義教は優秀で、相当な名君だったのです。彼が目指したのは父である義満の政治。そして義満は山名、土岐、大内ら各地の守護大名の力を削り、足利幕府の最盛期を築いた人。

義教も父に倣って守護大名の力を削ごうとしました。その方法とは家督相続に手を突っ込むことです。たとえばAが相続者と決まっている家について「俺はBがいいと思う」と手を突っ込む。これも義満が使った手法ですが、そうすると将軍のおかげで家督を継いだBは、自動的に幕府のシンパになるわけです。しかもうまくすれば、大名の家に分裂が起こる。

義教はこの手法を頻用したのですが、それはなにも好き嫌いでやったわけではなく、幕府の力を最盛期に戻そうとしてのこと。この解釈は、現在では定説にもなっていますし、僕も以前からそのようにとらえてきました。

満済は、そうした義教の優秀さを知っていたのでしょう。

満済は真言宗の僧侶。義教は天台宗の僧侶をやっていた人です。非常に近いところにいたために、当時は義円といった義教の能力を知っていた。だから彼が将軍にふさわしいと考えた。逆にいうと、「将軍とは優秀な人であるべきだ」と満済は考えていた。

4人の候補者の中で、義持と母が同じなのは義教だけ。おそらくこの血の濃さを理由に大名たちに根回ししたのだと思いますが、彼自身の理由としては、将軍とは優秀な人がなるべきだと考えていた。

現代の僕らだって、総理大臣にはなるべく優秀な人になってもらいたいと考える。しかしそのころは時代が違った。自ら動く利口なリーダーよりも、調和を大事にする人が望まれた。上に立つ人は、茫洋としているくらいでちょうどいい。実際、日本の権力構造において、多くの場合はそのほうが安定していました。満済はその点で、人間というものを見誤っていたのかもしれません。

「徳川将軍に求められる資質」の研究があるのですが、それによると御家人たちに人気があったのは、「なにもしない将軍」だったそうです。たとえば徳川家斉は、その治世のうちに田沼意次の改革と、松平定信の改革という真逆の政策が行われた。しかし家斉自身はそうした世俗の政治にはまるでコミットしていない。多くの側室との間に子どもばかり（50人も！）つくっていました。

だからこそ、政策がどう転ぼうとも、将軍の権威には傷がつきませんでした。逆に一五代将軍の慶喜《よしのぶ》などは本当に優秀な人でしたが、御家人たちの人気はまったくなかったそうです。彼のためにならば命も要らないといったのは、皮肉なことに旗本でも御家人でもなんでもなかった坂本龍馬だけ。

トップに頭のまわるタイプの人を就けてしまったのが満済の失敗でした。自分自身が優秀だったためでしょうか。ただ僧侶のわりに、人間社会の真理をよくわかっていなかったようにも思います。

足利持氏の失敗

鎌倉に置かれたふたりめの将軍

幾度となく触れてきた通り、日本は、長く西高東低に置かれた国でした。京都が日本の都で文化の中心地。関東は僻地。東北は、とことん僻地。

その僻地で成立した武士の政権が鎌倉幕府でした。足利尊氏は、その鎌倉幕府を倒してしまいましたが、彼は東国のことも忘れず、日本列島全体を治める努力は行っています。全国を駆け回り、彼の戦いの足跡は、関東から九州の博多までに及んでいます。

その尊氏以上に、東国を重く見ていたのが弟の直義でした。この人は最初から東北の統治まで視野に入れていて、足利政権もまた鎌倉を本拠地にするべきだと主張していた。

直義としては、鎌倉幕府を再興することが、足利家のあるべき姿です。京都に幕府を作ってしまえば朝廷と衝突する。だから京都は朝廷、武家の幕府は鎌倉を本拠にして棲み分けて行こうと考えていました。

しかし尊氏のほうは「銭」に目を向けていた。1250年あたりまでに貨幣経済が日本列島に浸透し、それによって流通網が広がるようになっていた。その中心が京都だから、流通を抑えるためにはそこを抑える必要がある。京都を抑えて商業に課金し、銭を取ろうと考えていた。後の秀吉と同じ考え方ですね。

個人的には仲のいい兄弟だったようですが、政策がまったく違う。そのため尊氏と直義は1350年あたりから戦争状態に突入する。そして直義が敗れて、鎌倉に落ちのびた。尊氏は彼を追い、今の静岡県の薩埵山《さったやま》で戦いが繰り広げられ、ついに直義党は敗れる。鎌倉に入った尊氏は、直義を殺すことになります。

ただし尊氏も、決して広大な関東を放置しようとは考えてはいなかった。直義党の人々は関東で次々と謀反を起こしますが、尊氏は各地を転戦して鎮圧していく。ほぼ関東を平定した時点で、京都に帰ることにした。京都は京都で、南朝の北畠親房が攻めてきたりするなど、彼を必要としていたのです。

そこで尊氏は、まだ幼い息子の基氏《もとうじ》を鎌倉に残していくことにしました。京都にはひとりめの将軍として義詮がいます。基氏は、いわばふたりめの将軍。足利の血を引く者を鎌倉に置き、「鎌倉公方」として関東の統治に当たらせることにしたのです。公方とは統治のトップのこと。つまり鎌倉の将軍。しかしこれが親子の永遠の別れになってしまうのですが。

基氏は非常に優秀な人物だったようです。彼はもともと上杉家に養育されていた。のちに上杉謙信が継ぐ、あの上杉家です。しかし上杉は直義党で、関東で兵を挙げて尊氏の敵方として戦っていた。

しかし基氏が鎌倉にとどまるうちに、その敵陣営の力がどんどん強くなってしまった。そのため基氏は埼玉県の入間川に居を移し「入間川殿」と呼ばれるようになりました。入間川で数年暮らした後、やがて上杉のトップの上杉憲顕と和議を結び、鎌倉に帰ることになりました。憲顕は、もとは基氏の養育に当たった「じいや」だった人物です。

これで関東地方に、ひとつの秩序が生まれた。まず基氏が、鎌倉公方としてあらためて関東8カ国のトップに据えられた。その下に、公方を助ける関東管領が置かれます。管領にはいくつか家があり、その中心になるのが上杉です。そして管領の下に関東の武士たちがいるという体制が作られた。やがて基氏は30歳前後で亡くなるのですが、新たな鎌倉公方は京都から派遣されてくるのではなく、基氏の子ども、孫へ世襲されていくことになります。

足利将軍の下でカオス化する関東

この状況に決定的な変化が起こるのは、足利義満の時代です。義満は1392年に南北朝を統一した。そのときに義満は「関東8カ国とさらに東北までを含めた統治に、もはや京都の幕府は関与しない」という方針を打ち出す。

つまり義満は、京都の将軍の統治する対象から東日本を切り離してしまった。まるで田舎のことなどどうでもいい、という感じで、鎌倉公方は、独立勢力のような状況に置かれます。そうなれば、力を蓄えた鎌倉公方の中に、京都に攻め上って自分が将軍になろうか、という野望を持つ者が現れてもおかしくはない。

折しも、「三宝院満済の失敗」で述べたように、四代将軍義持には後継者がいませんでした。そこで当時の公方だった持氏は「だったら自分が将軍に」と考えた。

当人は本気で京都の将軍になるつもりだったようですが、それが関東の総意だったかと言えば、それも違ったようで、関東管領の上杉憲実などは、たびたび「鎌倉公方は、鎌倉公方のままでいるべき」と諫めています。しかしどうやら京都の将軍になることは、鎌倉公方家の悲願のようになっていたらしく、持氏の父の満兼も同じ野望を抱いていました。

足利義満の時代、１４００年に大内が堺で挙兵しました。これはすぐに鎮圧されたのですが、もともとこの大内と氏満、そして九州探題として功績をあげながら、むしろ功績が大きすぎたために義満に左遷された今川了俊という三人の間で、京都に対して挙兵するという密約があった。結局、大内が先に暴発したために氏満たちの反乱は不発。また時の管領、上杉憲春が自害して止めたために、氏満は自重しました。幕府はおとがめなしで済ませましたが、そんなきな臭い動きが水面下で続いていたわけです。

そして実際に氏満の孫の持氏は、義持の後継者として名乗りをあげた。今でも鶴岡八幡宮に、そのときの持氏の諸願成就の書状が残っているのですが、なんと彼の血で書かれています。そこまで彼は将軍になりたかった。

しかし結局、例のくじ引きで六代将軍は決まることになります。恐らくは三宝院満済と畠山満家の計らいで将軍、足利義教が誕生する。

その義教は、織田信長タイプと言えばいいのか、邪魔だと思った相手は次々に粛清してしまうような人でしたので、将軍となった後、鎌倉公方に対しても「なぜ俺のところに挨拶に来ない」と怒りました。このあたりの経緯は満済の日記にしっかりと記されているのですが、満済は鎌倉に対して「とにかく京都に使者を送って挨拶し、義教将軍の言うことをよく聞きなさい」と伝えています。

ところが実際にその使者が送られてきても、義教は一切会おうともしない。大名たちも「それでは東西の戦争になる」と心配し、「会うだけは会って話をしてください」と言いました。もちろん将軍に直接意見するのではなく、満済が間に立って、ですが。

これは鎌倉時代から続く慣習で、偉い人になにかを伝えるときには「申し継ぎ」が必ず間に入ることになります。この立場は状況次第で申し継がれたものを握り潰すこともでき、将軍に入る情報をコントロールできるポジションです。そのため大きな権力を持ち、満済が「黒衣の宰相」と呼ばれるほどに政治的な力を備える、その背景となりました。

日記を見ると、満済は大名たちの「会ってくれ」という声を握り潰し、その替わり「あなたたちの間でこの課題を協議できたなら、その答えによっては申し継ぎます」などと提案していたようです。

それでも、この満済が生きているうちはまだよかった。彼が亡くなると、京都と鎌倉との交渉は完全に決裂。ついには京都から鎌倉へ討伐軍が送られることになりました。

送られることになる、とは言え、実際には駿河の今川らが中心になり、関東に近い大名たちが動員されて攻め込むのですが、それで持氏は腹を切って死ぬことになります。持氏の子どもたちも、京都に運ばれる途中で首を切られてしまう。

ひとりだけ生き残った足利成氏は鎌倉を脱出して今の茨城県の古河市へ逃げて「古河公方」と呼ばれる勢力となりますが、もはや関東の秩序はボロボロ。

もっとも将軍の義教も、赤松教康から「関東平定のお祝いに一席を設けました」と招待された先で殺されてしまいます。これで京都も大混乱です。

義教のあとはまだ幼い息子の義勝が継ぐことになりますが、その義勝は早くに亡くなり、義教の弟の義政が八代将軍となる。その義政は、自分の異母兄である足利政知を関東に派遣するのですが、結局鎌倉に入ることができず、伊豆の堀越で「堀越公方」を称するようになる。結果、関東には茨城の古河公方と伊豆の堀越公方が並立、肝心の鎌倉には誰もいないというカオスな状態になってしまいました。

身の程を知るべきだった持氏

そもそもは、将軍になろうとした持氏が京都の追討を受けたために、関東もこのような状態になったわけですが、なぜ持氏は、衝動を抑えられなかったのでしょうか。

それは一言で言ってしまえば、世襲の世にあって、身の程を知らなかったのではなかったか。

実際に義教の追討令が出た際、関東の鎌倉公方に対して忠節を尽くして戦おうという大名はほとんど現れませんでした。当時の守護大名とは、あくまで足利将軍家の代理。だから戦わないのも当然だったと思います。

その後に登場する戦国大名であれば、将軍も、もちろん朝廷の力も借りず、自分の力でそれぞれの国をまとめていますが、守護大名は将軍の代理としてその国の武士を取りまとめているにすぎない。だからこそ、足利一族が登用されることが多いし、一族ではなくとも、足利の命令を無視できる人はまずいないのです。

持氏は、この関係性を理解しておくべきでした。そもそも彼自身の権力だって、その源泉は京都の足利将軍なのです。自分が鎌倉公方として振る舞うことができるのは、京都の力があってこそ。鎌倉公方は、どこか道化のような存在で、自分自身の実力は基本的にありません。そのことが今ひとつわかっていなかった持氏の滅亡は、必然のことでした。

当時は、日本列島がまだひとつになっていない時代から、ようやく統一権力が生まれる方向へ歴史が歩んでいくタイミングです。その権力が成長する途上で生まれた、京都からは見向きもされない中途半端な鬼子。それが鎌倉公方でした。それなのに「自分とは何者なのか」を忘れ、分を過ぎた野望を持ち、本物の独立勢力のように振る舞ってしまった。悲しいことですが、それが持氏の失敗でした。

畠山持国の失敗

守護大名とはどんな存在だったのか

あらためて「守護大名」について定義してみれば、さきほども触れた通り、一般的には「足利将軍の代理としてその国の武士をまとめる」という、非常に中途半端な存在です。

鎌倉時代の「守護」は、完全に役人。たとえば代表的な守護として甲斐の武田家などがありますが、その権限は「謀反人の逮捕」や「殺害者の逮捕」、「京都の大番組の催促」です。当時の武士たちは10年か20年かに一度、京都に行って治安維持活動を行い、天皇を守る仕事に就いた。経費は自腹なので負担が重いのですが、それを「君は来年だから」と催促する。これが大番組の催促です。平時はこの通りですが、戦時には、彼らを率いて戦場に行くことになります。

これが室町時代の「守護大名」になると、自分が任された国の武士と直接主従関係を結ぶようになる。「守護」は今の県知事と同じで、主従関係は結びません。しかし「守護大名」になると、地元との関係がより深くなってくる。

たとえば主従関係を結んでいると、戦争のときの動員能力がより高くなります。それは地元の武士にしても、守護大名が強力な力を持った際、その家来になっているといろいろと得だから。Win-Winです。

とは言え、誰もが守護大名として成功するわけではない。最初は京都から任命されて、徒手空拳でやってくるわけです。そこから任地に根づいて、地元の武士たちと主従関係を結んでいくには「この人について行こう」と思わせるだけの人間的魅力や力量が問われる。

だから幕府としてはどんどん派遣して、うまくいった者を定着させる。その人事のありようは、結構「出たとこまかせ」です。東北地方ともなると扱いは極めて雑で、ダメな者を呼び戻しもせず、とりあえず新しい人だけ送り込む。一時は奥州管領と称される、東北地方のトップが4人も並ぶという状況になったこともありました。

ちなみに「戦国大名」になると、中央との関係は切れます。京都とは切れて、自分の力と責任において、その国の武士たちをまとめて行く存在になる。そこが大きく違います。

室町時代の「守護大名」は、鎌倉時代の「守護」と「戦国大名」の中間的な存在で、その性格も中途半端なところがあります。その点を理解していなかった代表例が、前のところで述べた足利持氏でした。

主従関係を結ぶといっても、守護大名の権力の源泉は将軍。家来たちの独立性はまだ強い。たとえば室町時代に数カ国を支配した畠山家などの場合、自分の信頼する家来を「守護代」として派遣し、統治に当たらせました。しかし下手をするとその守護代が本家と対立するようになる。越前の朝倉や尾張の織田は、守護代や、守護代的な立場にいた家来が自立して戦国大名となった典型的なケースです。

主人と家来の関係が深化していくためには、その関係が世襲され、そのまま3世代くらい続く必要があったのではないでしょうか。ただ、それで家臣団が形成されていくと、家来の中で派閥が生まれてくる。派閥ができれば主導権争いも起こる。その争いが一番激しく顕在化するのが、相続です。

ここで思い出していただきたいのは、足利義満と足利義教が大名の力を削ぎ、味方を増やすために行った方法論。彼らは決まった後継ぎがいる場合でも、わざと相続に手を突っ込んで、ほかの後継者を推した。それは、将軍のおかげで家督を継ぐことができた大名が、いずれ忠実な味方になるから。実際、義教が膾《なます》のように斬られて殺されたとき、それでも一緒になって戦ってくれた三人の大名は、義教のおかげで家を継いだ人たちでした。

しかも相続に口を出されると、大抵は揉める。当時は長男が相続するというルールが明確にあったわけではない。たとえばお母さんの家柄がいい息子が優先される場合も多かった。なので、長男でかつ家柄がいいと、ほぼ確実に家督を継ぐことができますが、父親がきちんと後継ぎを定めていなかったり、そもそも大名自体の力が弱かったりすると、有力な家臣たちの「この人のほうが操りやすいぞ」といった思惑が渦巻き、跡目争いが起きることがよくあったのです。

相続に問題がつきものだったのはなぜか

こうした相続をうまく乗り切っていたのが細川です。ここは一門の結束が固かった。だから家来たちが勝手に「自分に都合がいい人」を担ごうとする動きもあまりなく、無難に相続が行われ、代々力をつけていった。

しかし「応仁の乱」後、細川政元の代に風向きが変わる。この人は女性が苦手で、子どももできなかった。そのために養子を取ったのですが、やはり相続を巡って揉めごとが起こり、家がバラバラになっています。

それでも細川の場合は「応仁の乱」の後までは家が続いた。ダメだったのが畠山です。

細川、畠山、そして斯波。室町時代、この三つが管領になる家で、守護大名の中でも名家でした。実力だけならば山名などのほうが上かもしれない。しかし格はこの三つのほうが高く、畠山の場合は、格も実力もある家でした。

しかし畠山では二代にわたって、兄弟の相続争いが続いてしまう。まず、六代将軍義教の話題でも登場した畠山満家が相続争いを経て、家督を継ぎます。そして、その息子の畠山持国が継ぐときにまた揉めます。ただし揉めながらも、この持国のときに、畠山家は全盛時代と言えるほどに力を持つことに成功する。その力を、どうやって次の代に受け継がせればいいのか？　ここでまた問題が起きてしまいました。

家臣団をきちんとコントロールできていればよかったのですが、二代も相続争いを起こしていただけに、既に統制できなくなっていた。もともと危うい土壌のところに、持国自身が失敗をやらかしてしまう。

持国は奥さんとの間で子どもに恵まれませんでした。一方で、当時の京都にいた高級娼婦のような立場の女性と仲良くなる。その女性と持国は一対一の恋人同士のような関係になり、後に彼女は子どもを出産する。しかも男の子です。

持国としては、ほかでは授からなかった男子を産んでくれたことはありがたく、とても喜んだ。しかしそこで彼は「本当に俺の子かな」と、さもありそうな疑問を抱いてしまったのです。彼女は娼婦ということもあり、江間さんや小笠原さんなど、そのときのスポンサーとの間にも子どもを作っていた。もしかしてこの子も……。

疑問をふり払うことができなかった持国は結局、その子を禅寺として名高い相国寺に入れ、僧侶にしてしまいました。

その後も持国は子どもには恵まれず、自分の甥を後継ぎに定めます。最初に選んだ甥は若くして亡くなったため、さらにその弟を後継者にした。これが畠山政長です。

甥とは言え、血は繋がっている。政長が後継者になることは、家臣団も納得していました。ところがあるとき、持国が相国寺に入れた子と面会することになりました。そして会ってみると、彼は持国にそっくり。

「明らかに俺の息子だ！」

そうなると俄然、血を分けた自分の子に家を継がせたくなるわけです。持国は彼を還俗させて武士にします。名を義就《よしひろ》とあらためさせ、後継ぎに据えなおそうとした。しかしそういうことをすると、家臣が「殿の言うとおりにしよう派」と「俺、もう政長殿にだいぶ食い込んでしまったんですけど派」に分裂してしまうことになります。そして分裂したところで持国は亡くなってしまう。

もとの後継ぎ、政長の政は、八代将軍義政の「政」をもらったもの。義就のほうは、それを越える箔づけとして、将軍の通字である「義」の字をもらっていた。このふたりが相続のライバルとなるわけですが、正式な届けは政長のままなので、幕府としては政長を後継者として認めます。そして認められなかった義就は、反乱を起こしてしまう。この反乱が「応仁の乱」の引き金になってしまいます。

後継者問題の根はとんでもなく深い

日本史を語るうえで、なぜ「応仁の乱」は人気がないのでしょうか。その大きな理由として、「名将」と呼ばれるのに値する人が誰もいないことが挙げられます。『三国志』などは名将だらけ。そんな人が華々しく戦って討ち死にを遂げる。それで盛り上がりますし、人気も出る。しかし「応仁の乱」はドラマティックな展開がないままだらだらと続いていきます。

その中で唯一、名将と言える人が畠山義就でした。

彼は反乱を起こし、幕府の追討を受ける身になった後も今の大阪府富田林《とんだばやし》市の嶽山《だけやま》というところの城に籠もり、幕府軍の攻撃を耐えに耐える。幕府のほうも、そこまでのやる気はなかったようですが、とにかく義就はがんばった。

その姿に目をつけた有力者が現れます。その名は山名宗全。山名はもともと足利の最大の仮想敵で、義満の代に徹底的に弾圧されました。生き残ることは許されたのですが、それまで11カ国支配していたところを、3カ国にまで落とされます。それが宗全の時代、また一族合わせて8カ国を支配するまで力を回復させる。

その山名のライバルが細川です。義満と組んで山名を弾圧しました。

細川は応仁の乱前夜、9カ国を支配していた。9対8なら、十分戦いになる。そこで宗全は、誰か腕のいい武将はいないのか、と見渡していた。そこで出てきたのが畠山義就です。

山名宗全は電撃的に義就支持に転じます。義就を連れて、将軍にも会わせました。

一方で、当時の細川の当主は細川勝元でした。彼は彼で山名宗全の娘を嫁にしており、宗全の義理の息子にあたるので関係がややこしいのですが、勝元は、畠山政長支持派のリーダーでした。つまりここに、「政長支持の細川グループ」VS「義就支持の山名グループ」という対立の構図が生まれたのです。

ここで大切なのは、東軍になる細川グループには、もともと義満の時代から親密な関係のメンバーが結集していたこと。対する西軍の山名の主力は、大内や土岐など義満に弾圧された大名が集まっている。一度落とされて、そこからまた自力で這い上がってきたメンバーだけに力強い。こうして「応仁の乱」が始まります。

教科書的には「将軍家の家督を巡って乱が起きた」と言われますが、当時の人は、この争いを「畠山一家の乱」と呼んでいた。つまりその時代の人々は「畠山の分裂を巡って争いが起きた」と認識していたのです。

たしかに足利家も相続で揉めて、義政と義視の兄弟で割れたり、さらには義政の息子の義尚と義視で割れたり、日野富子が暗躍したりしているのですが、それは基本路線ではない。

大本は、畠山です。

将軍家としては、この西軍と東軍の両者の間を取り持つことが役割だったはず。しかしそれもできないほどに、すでに弱体化していた。将軍家が揉めたために争いが起きたのではない。もともと弱くなっていたところに争いが起こり、もはやそれを調停することもできなくなっていたのです。

「応仁の乱」の本当の図式は、義満の代までさかのぼります。細川とほかの有力大名の対立。さらにさかのぼると足利尊氏についたグループと、直義についたグループの対立。あの争いが、足利幕府の奥底にずっと火種として残り、それが畠山の相続争いをきっかけにまた火をふいて「応仁の乱」となった。

つまり「応仁の乱」の原因、その根を辿れば、畠山持国が自らに自信を持つことができなかったために、幕府の底流に流れる争いが顕在化してしまった、とも言えるでしょう。もし産まれたばかりの義就を最初から後継ぎに決めていたら「応仁の乱」は起こらなかったかもしれない。ただし、DNA鑑定などがなかった時代のことですから、こうしたケースは珍しくもなかったと言えますが。

足利尊氏も、身分の低い母から産まれた直冬を子として認めず、直義が代わって育てています。そして直冬は直義が亡くなったあとも、養父のために実の父と戦い続けます。その戦いが「応仁の乱」へと続くわけで、後継者問題の根がいかに深いか、ということがあらためて伝わってきます。

第四章　戦国時代の失敗

上杉謙信の失敗

室町秩序を大事にした謙信

上杉謙信という人は「実は女性であった」という荒唐無稽な話まで含めて、いろいろな逸話が語られる人です。中でももっとも有名なものは、敵にわざわざ塩を送ったりするような「義の人だった」という評価。しかし実は、塩を送った逸話は史実にはないのですが。

僕の先輩にあたる山田邦明先生が書いた『上杉謙信』（吉川弘文館）という本があります。山田先生は「大日本史料」をつくっていらっしゃった方ですから確実な根拠がないことは語らない。そうすると上杉謙信という人は、実は面白い逸話がない人になってしまうのです。

そもそも「義の人」という評価も江戸時代につくられたもの。史料にない話は書かないというスタンスの本を読めば、もちろんそうした話はまったく出てこない。「本当は妻がいた」というような話も、まったく出てきません。

上杉謙信は室町時代的な名誉に非常にこだわっていた。たとえば関東管領という職を得るとか、もとは長尾という家の生まれなのに上杉の名跡を受け取ったとか、さらに足利将軍家に対して敬意を持っていたなど、こうした事例なら史料にも残っている。

ではなぜ上杉謙信がそうしたこだわりを持っていたのか、という分析はまだまだこれから。今は、山田先生のようにしっかりとした史料に基づいた「上杉謙信像」をまず押さえて、それを土台にして考えていきましょう、という段階だと思います。

その「上杉謙信像」ですが、彼は領土欲を持たない人だったとも言われます。しかし実際はそんなことはない。今の富山県である越中や関東地方に兵を出しているのです。ただある時点までの謙信は、そこを上杉家の領土とはしなかった。

たとえば武田信玄は、自分が武田家の跡を継いだ途端に甲斐国から隣の信濃を侵略し始めている。

そして領地を奪われた村上義清ら信濃の武将が、助けを求めると、それに応えて信玄と戦った、と言われることもあって、謙信には侵略のイメージが希薄です。そうしたことから後に「義の武将」と言われるようになるわけですが、まず兵を出した土地を恒常的な上杉家の領地にしていないことをどうとらえるか？

これは身も蓋もない言い方になりますが、ひとつには彼が政治家としての手腕を持たず、統治がヘタだったことが考えられます。そのため他国に進出しても、そこを自分の新しい領土にする術が、初期の謙信になかったのではないでしょうか？

そもそも戦国大名にとってみて、もっとも大切な使命はなにか。僕は近年あらためて痛感しているのですが、それは「自分の国を守る」こと。

たとえば武田信玄であれば甲斐、今川義元であれば駿河と、戦国大名はそうした自分の国を守る人なのです。どんどん他国を攻めた織田信長が戦国の典型のように思われますが、あんな侵略マシーンみたいな人のほうが、むしろ例外だったのです。

だから上杉謙信にとっても、最重要な課題は越後を守ることとなりますが、謙信はそれをきちんと果たしています。ただ、ひとつ言わせてもらうと、彼は春日山城から動いていない。

新潟県は長細く、三日月のようなかたちをしていますが、春日山城は現在の上越市、人の顔にたとえれば、顎の先に当たる部分です。であれば、根拠地は今の新潟市あたりの中心部に移したほうが越後は治めやすかったのではないか。こうしたところでも、彼は政治が得意ではなかったという印象を受けてしまうのです。

もっとも春日山城は直江津の港に近い。直江津は日本海交易で栄えていた良港ですから、言わば金の卵を産むニワトリ。だから「そこから離れたくなかった」と見ることもできるのですが、しかし新潟市にも港はある。

新潟市に城を移せば、新潟の港が手に入る。そこを拠点として、日本海交易も続けることができた。にもかかわらずやってないということになると、謙信はあまり政治が得意ではなかったのではないか。領土の獲得というと、ただ攻め込んで暴れまわってもダメ。それなりの統治スキルが必要になりますが、初期の謙信はこれができなかったのではないか。

これが経験を積んでいくと、謙信は越中や、さらにその隣の能登まで兵を進めて、上杉家の領国を拡げています。もっとも版図が大きくなった時期には上野、今の群馬県の半分くらいまで支配下に置いていた。そうしたことから考えると領土欲がなかったわけではない。

しかしこれは別の考えかたもできます。

たとえば、太平洋戦争に至るまでの日本は、防衛の方法論として、朝鮮半島を支配下においた。さらに「満蒙は日本の生命線」などと言い出して満州、蒙古にまで勢力を伸ばした。これは本土防衛を絶対の課題としたときに、その盾として朝鮮半島や満蒙をとらえたわけです。

本国が直接敵と接することがないように、周辺国も支配下におく。これと同じことを戦国大名も考えていたのかもしれない。

たとえば今川は駿河から隣の遠江《とおとうみ》、さらにはその隣の三河にまで侵攻して領土を拡げています。もし、それらの国が一律に等しくみんな今川領であると考えると、「首都」は中心の、たとえば浜松城に移したほうが便利なはず。しかし非常に優秀な戦国大名であったはずの今川義元が、本拠地を駿河の駿府城から動かしていない。これはやはり、今川にとって本拠地はあくまで駿河で、遠江や三河はその盾だったということだと思います。信玄についても同じように、広大な信濃を侵略したのは、自国の甲斐を守るためだったと見ることができます。よその国を攻めるにつれて、どんどん自分も動いていった織田信長のほうが、ここでも例外なのです。

しかし、そうした考えを踏まえても、上杉謙信が春日山城から動かなかったことは納得ができない。謙信は基本的に保守的な人で、あまり新しいことをするのが好きではなかったのでしょうか。長尾氏の伝統として春日山城を受け継ぎ、新しい工夫をせずに、それを守っていくのが彼の流儀だったのでしょうか。

城だけではない。たとえば室町幕府のありかたを重視する。上に足利将軍家があって、その下に守護大名がいる。将軍のさらに上にいる天皇にも敬意を払う。そうした室町幕府の秩序をきっちり守り、再建したい。それはそれで世界観としては、ひとつの解答ですね。別になんでも昔の状況を変えてしまうことが正義ではないですから。

謙信がそのように室町時代の秩序を大事にする人だったと見ると、彼の人生は説明できるのかなと、僕は考えています。

軍神・謙信の真実

ただ彼が、自分のその思いを実現できたかというと、また違う話になります。謙信は、自分の部下、領地、そして自分を支持する勢力に大動員令を出して軍勢を編成し、軍事行動を起こそうとしたときに、トイレで倒れて亡くなりました。

その作戦の目的は、織田信長との決戦だったと言われてきましたが、今では関東の平定が目的だったと見なされるようになっています。

謙信は関東管領の職を求め、就いていた。その彼にとって、関東を平定し、かつての秩序を回復することは宿願でしたが、ほとんど果たすことができていません。さらに言えば北条氏という、かつての秩序にはなかった存在を討つことも彼にはできなかった。北条氏康とは和睦までしています。つまり途中で、現実路線を取らざるを得なくなったわけで、やはり彼にとって関東を昔の姿に戻すことは荷が重かった、という気がします。

謙信の関東進出については、また別の説もあります。たとえば立教大学の名誉教授だった藤木久志先生が提起した「越後国が貧しかったため、謙信は略奪を行うべく関東へ進出していた」という説です。この説はセンセーショナルな話題を獲得しました。しかし群馬が大変に豊かな土地で米が豊富に収穫できた、という歴史を持っていたのならいいですが、当時の群馬にわざわざ赴いて、新潟に帰ってみんなで食べあえるほどの食料を奪うことはできたのでしょうか。

なお越後の国は当時、米が取れませんでした。新潟はコシヒカリを名産とする〝米どころ〟というイメージがありますが、江戸末期には100万石の石高があったものの、江戸初期には35万石しか取れていません。なぜかと言えば、米は基本的に寒さに弱いので、雪対策がきちんとできるようになるまで、生産量が上がらなかったのです。そう聞くと、他国に略奪に行きたくなる気持ちもわからないでもない。

しかし謙信が亡くなったとき、上杉家の蔵には金がうなっていた、という説があります。

謙信の時代、庶民は青苧《あおそ》から作った服を着ていました。そして越後はこの青苧が取れるのです。後に木綿が入ってくるまでは、越後で青苧を収穫し、日本海交易を通じて京都まで運び、売りさばくことができた。だからお金は持っていたのです。それを考えれば、米が取れなくとも、お金で買うことは十分にできたのではないか？

「略奪すればタダだ」と思われるかもしれませんが、善悪は別としても、軍事行動にはお金がかかるもの。であれば、素直にお金で米を買ったほうがよかったのでは、という気もしないでもない。

総体として、関東管領になった上杉謙信が、昔ながらの関東の秩序のありかたを好んでいたことは間違いなさそうなので「だから関東に出兵した」という線は捨てきれない。このあたりの検討は、これからの課題ということになるでしょう。

加えて彼が関東を攻めたときに、いわゆる「乱取り」、人をさらって人身売買をやった、といった話は、まだまだ語る段階にも来ていないと思います。

その謙信は先述の通り、49歳で亡くなる。彼の亡くなる前、上杉家の領国は越中全域、能登、そして上野の半分まで広がっていました。かなり広い領土があったにもかかわらず、謙信亡き後、あっというまに失われ、ほぼ越後だけになってしまいます。

なぜこんなことになったのかと言えば、それは上杉家が後継者問題で真っぷたつに割れたため。謙信は結婚していませんから、子どもはいなかった。そのため姉の子である上杉景勝を養子に迎えていた。こちらは謙信と血が繋がっていますから、後継者としてみなの納得も得やすい。

しかしもう一人、候補者がいた。先に北条と和睦をしたと述べましたが、そのとき謙信のもとに、人質として北条氏康の七番目の息子が派遣されてきた。三郎という人ですが、謙信は彼を非常にかわいがった。男色の相手だったという説もあります。

そして三郎に、昔自分が使っていた名を与え「上杉景虎」と名乗らせた。そのため、実はこちらのほうが後継者の本命だったのではないかと見るグループもでてきた。

血の繋がった景勝か。それとも謙信のかつての名を与えられた景虎か。謙信の真意をいくら考えても、亡くなってしまえば後の祭り。問題だったのは、そこで上杉家が真っぷたつに割れてしまったことです。結果として景勝と景虎は、一年間にわたって抗争を繰り広げ、その間に上杉の所領の多くが失われてしまうことになります。

健康と遺族への配慮が足りなかった謙信

これこそ謙信が招いた大きな失敗です。当時は人生50年時代。謙信が亡くなったのは49歳で、それがさほど特別なことではなかった状況を考えるに、健康に気を配るとともに、後のことも考えて、きちんと後継者を定めておくべきだった。

なお織田信長も49歳で亡くなっています。しかし、あまり知られていませんが、当時の信長は既にご隠居さんの身分でした。織田家の当主の座は既に息子の信忠へ譲り渡していたのです。しかし、それで信長の勢威に影響があったわけではないし、内政をすべて信忠がやっていたわけでもない。織田家で最高の意思決定を下すのは信長であることに間違いはないのですが、先に当主の座を渡しておくことで、後継者問題など起らないように運んでいたわけです。

それに比べて、謙信はあまりにも不注意だった。しかも彼は糖尿病だったそうです。甘酒のような甘い酒をぐいぐい飲んでいた人ですから、もともと体の調子がよかったわけはないと思いますが、亡くなる前の謙信は、げっそりと痩せた。

今も糖尿病は怖い病気で、ときに手足を切断する事態にまで至りますが、病状が進むと、げっそり痩せるらしい。そこまで来ていたら、生活態度をあらためるのは当然、もしものことがあったときのことを想定し、遺された人たちのために、きちんと後継者を定めておくべきでした。それは戦国武将としての、非常に重要な責務だったはずです。

しかしそれをやらなかった結果、やっぱり後継者争いが起きて、領地が大幅に減ってしまった。それはやはり謙信の大きな失敗だったと思います。

謙信は戦争が得意とされ、「軍神」などとも呼ばれていますが、それはあながち間違いではない。彼は８０００人ぐらいの軍勢を率いて各地を転戦し、戦って負けなしと言われた人でした。当時は40万石で１万人の動員能力と言われますから、35万石の謙信が８０００人というのは妥当な数字です。

その謙信が一度だけ10万人もの軍勢を率いたことがありました。それは関東管領として武将たちを率いて、小田原城を包囲した際のこと。ただしこのときは足並みがそろわず、兵糧が尽きてしまい、結局落とせずに帰国しています。

関東管領といっても、関東の武将が確実な部下になったというわけではないですから、やむを得ない面もあるでしょう。しかし彼に大軍を率いる能力がなかったのも事実。非常に優れた野戦の名将であったことは間違いないですが、大軍を率いることにかけては、秀吉や家康に及ばなかった。そんな気がします。

その謙信が、実際に信長とぶつかったとしたら、どちらが勝っていたのでしょうか。新潟出身の作家である坂口安吾は「信長のほうがはるかに強い」と言っていますが、はたして。

武田信玄の失敗

あらゆる面で秀でていた信玄

武田信玄は、戦国大名として非常に優秀な人でした。

彼の優秀さはまず内政能力に見られます。彼は土木工事ができた。たとえば甲府を流れる釜無川《かまなしがわ》では、21世紀となった今も、彼が築いた信玄堤が有効に機能しています。

また法も定めています。「甲州法度之次第《こうしゅうはっとのしだい》」という法を定め、きちんとそれに則った政治を行うという姿勢を示している。たとえば同時代の謙信はそうしたことはやっておらず、やはり信玄は優れた政治的手腕の持ち主だったと思います。

軍事にも優れていましたが、外交能力も非常に高い。外交能力の高さは、彼が率いる軍勢の兵隊数が多いところに現れています。

たとえば信玄が西に軍隊を移動させたとして、その留守を越後の上杉謙信に攻撃されるとまずい。そこで普通なら、今の松代城、当時の海津城に、ある程度の防衛部隊を配置しておくことになります。

ところが信玄の場合、越中の一向一揆衆と連絡をとって外交を展開し、もし謙信が武田領を攻めようとしたら、その空白を突いて一揆衆が春日山城を攻める状況をつくりました。それで謙信の足止めを行ってから、西に進出していく。結果、防衛にそれほど兵を割かずに、軍事活動を行うことが可能になるわけです。

実際に海津城を任されていたのは春日虎綱という重臣。彼は高坂昌信という名前でも知られていますが、かつての武田信玄の男色相手でもありました。この人が海津城に入り、上杉謙信の襲来に備えていたわけですが、最後に信玄が行った西上作戦では、彼もちゃんと参加しています。信玄の外交が功を奏していたわけです。ついでに言うと、武田勝頼による「長《なが》篠《しの》の戦い」（1575）のとき、虎綱は上杉の備えとして海津城を動けなかった。それがために、虎綱はほかの宿将と異なり、長篠で戦死していません。

兵の数は、総合力のバロメーターでもあって、たとえば農業を疎かにしてしまうと、兵を食べさせることができないし、そもそも人口が増えない。多くの兵力を動員できる信玄は、それだけ優秀な戦国大名だったと言えます。だから彼の失敗と言ってもそれは、「強いて欠点をあげつらえば」という話になるでしょう。

その意味で、武田信玄の失敗。彼のつまずきは、長男である義信に自殺を命じなければならなくなったことだと思います。それは信玄が、今川領を攻めようと考えたために起こった事態でした。

なぜ長男を自殺に追い込み四男を跡継ぎにしたのか

当時、武田と今川、そして北条は、いわゆる三国同盟を結び、お互いに戦わないという「相互不可侵」を合意していました。この同盟が、武田、今川、北条が共栄する基本体制になっていたのです。

ところが「桶狭間の戦い」(1560)で織田信長がジャイアントキリングを達成し、今川義元が倒されてしまった。戦である以上、なにが起こるかはわからない。しかし仮に今川が負けることはあり得たにせよ、まさか大将の義元が戦死してしまう事態は、本当に想定外の番狂わせでした。

そのため今川の威信は大きく傷つき、それまで従っていた連中も、動揺する。要するに国の根幹が揺らぎ始めたわけです。そこで信玄は動揺に乗じ、三国同盟を破棄してでも今川領を攻めようと考えた。

そのときも彼は得意の外交を展開しており、その相手が新興勢力の徳川家康です。家康は今川の武将として扱われていたのですが、桶狭間のあとに岡崎に帰ると、苦労して三河を平定し、独立した戦国大名になっていた。信玄はその徳川家康と「ともに今川を攻撃しよう。自分は駿河を攻めるから、君は遠江を攻めろ。遠江と駿河で今川の領地を分けようじゃないか」と提案した。そして両者は一度に東と西から侵攻し、今川はたまらず、あっという間に領土を奪われてしまうことになります。

そしてこれを実現するにあたって反対したのが、武田家の跡取りだった武田義信でした。彼は信玄の長男で、正室の子どもでもあります。信玄の正室は京都の三条という貴族の家のお姫様。もっともお姫様と言っても、当時は食うや食わずの姫ですが、それでも左大臣の格の家の方が京都から甲斐まで嫁いできた。その正室が産んだ長男ということですから、義信は誰の目からも疑いのない信玄の後継者でした。信玄もそのように遇しており、基本的にはそれでまったく問題がなかった。

しかし義信は今川家から嫁をもらっていて、夫婦は大変仲がよかったらしい。だから妻への愛情のために、自分の父親が妻の実家を侵略することに反対した、というのも当然あるでしょう。

さらにより大きな意味として「三国同盟は順調に機能している」と義信が考えていた、という背景があります。この同盟があることで各勢力が背中を気にせずに済む。今川は西を攻め、北条は関東を守る。武田は信濃を支配下に収め、さらにその先に上杉謙信と戦うことができた。

上野へ兵を出した場合、今の群馬県のあたりで、北上する北条の勢力とバッティングする可能性はあったけれども、それでも現状、武田家の軍事活動は円滑に進んでいる。だから三国同盟を破棄してまで今川を攻める必要はないと反対したのです。

一方で、この時期の信玄がなにを考えていたのかというと、彼は海が欲しかったのではないか。

海、すなわち港。信玄が港を手に入れるにはふたつの道がありました。ひとつは川中島、今の長野市周辺から思い切って北上し、謙信の春日山城を奪取する方法です。そうすれば直江津の港が手に入る。謙信のところでも述べたように、当時の海運は、波の穏やかな日本海側が中心ですから、武田家としてはそれがベスト。

しかし謙信のいる春日山城を奪うのは難しい。であれば駿河に出て、今の清水港、当時の江尻の港を手に入れる方法がありました。ただし太平洋側は海が荒く、難船のリスクが高いため、交易の利益は少ない。だからベストとは言えない。

ベストの港が手に入るのが、謙信のいる春日山城。ベストではないが、侵攻が容易な駿河。どちらがいいのか秤にかけ、信玄は恐らく、三国同盟を破棄してでも江尻を取ることを選択したのだろうと思います。

実際、駿河湾を手に入れる策は計画的に進められていたようで、伊勢国から人材を呼び寄せています。というのも、武田は水軍、今でいえば海軍を持ったことがない。そのため船の扱いがわからないので、伊勢で船の扱いに長じた武士をヘッドハンティングした。それも傭兵ではなく、きちんと領地をあげるから武田に骨を埋めてくれ、というかたちで人材を招き、武田水軍まで創設しています。そこまでやっていますから、よほど信玄は海が欲しかったのでしょう。

ちなみにその武田水軍は、後に徳川家康に仕えて徳川水軍となり、旗本として存続していくことになります。

しかし義信の判断としては、海はあきらめても三国同盟を守っていったほうがお互いのためで、よりメリットが大きいと考えていたのだろうと思います。こうして父と後継者は対立し、時間はかかりましたが、最終的に信玄は義信に自害を命じることになります。

もちろん、義信はただの個人ではありません。家来の中には義信という人間を支持し、彼についていたグループもいた。また、義信の「三国同盟を守ろう」という方針を支持していた人たちもいたはずです。「義信派」の有名な武将としては飯富虎昌《おぶとらまさ》がいました。この人は義信の守役で、「武田の二十四将」としてすぐ名前が出てくる山県昌景の実兄です。

信玄が信濃の村上と戦ったときに戦死した板垣信方と甘利虎泰、そして飯富虎昌の３人が武田の重臣の代表だった時代があるのですが、虎昌が義信路線に賛成したために、信玄は彼も誅殺《ちゅうさつ》してしまいました。

義信を自害させたことは、武田家の内部ではそれほどの軋轢《あつれき》を生んだ。だから信玄は義信自害の後、家臣たちに「間違いなく武田信玄に忠節を誓います」という誓いの言葉を書かせて集めています。その誓詞が今の信州、上田市の生島足島《いくしまたるしま》神社にたくさん残っている。

後継者を自害させてしまった信玄は、新たな後継者を決めます。そこは彼の偉いところで、「自分が死んだ後のことは知らない」という謙信とは違い、きちんと新たな後継者を定める。それが四郎勝頼です。勝頼は側室が産んだ子どもです。正室の産んだ次男と三男は体が弱くて向かないということで、四男が指名されることになりました。

この勝頼、それまで母方の諏訪姓を名乗っていました。諏訪の家はもともと、勝頼の祖父に当たる人を信玄が滅ぼしていて、その娘を自分の側室にしていたわけです。戦国ならではのハードな状況ですが、それで生まれた勝頼に諏訪家を継がせていました。つまり勝頼は、もともと諏訪家の主として生きていくことが義務づけられており、彼は本来、兄の部下、武田の一武将として生きる運命だったのです。

ほかの武将たちにしてみれば、昨日までは同僚だった人物。その同僚がある日から自分たちの主人になると聞いたら、恐らく複雑な気持ちになったことでしょう。まして、信玄は偉大なカリスマ。いつの時代も同じですが、偉大な人物が亡くなると、後継者はその人と比べられて、なにをやってもしょぼく見えてしまうことになる。

これを回避するためには、徳川家康が設計したように、システムに移行してしまうしかないでしょうね。徳川幕府では、それぞれの能力はあまり機能する必要がありません。たとえ無能だろうが長男が跡を継ぐようにシステム化することで、安定を実現していました。

たとえば二代将軍秀忠は優秀な人物でしたが、その子は三男・国松のほうが優れているという風評があった。しかしシステムの定めとして、次男・竹千代が後継者となり（長男は早逝）、三代将軍家光になりました。

人物単位で抜擢するか。システム化して、無条件に長男が継ぐと決めておくか。これはなかなか難しい問題です。結局、武田家は勝頼の代でダメになってしまいました。信玄もそこまでは計算できなかったのではないでしょうか。

あるいは、それほどまでしてでも、海が欲しかったのかもしれません。海を得たからといって、裏通りの太平洋側交易でどれだけ富を手に入れられたかというとわからない。しかし信玄にとってみると交易の最大の目的は、鉄砲の採用にあったのだと思います。

鉄砲を用いるためには火薬が必要。黒色火薬は木炭と硫黄と硝石からつくられるのですが、その硝石は日本では採れません。つまり外国から輸入するしかないのですが、港がない状態で商人と交渉しても足元を見られて、不利な条件でも買わざるを得ない。しかし自分自身が港を持って貿易を行えば、恐らく堺の商人から買うより、有利な条件で硝石を入手できる。つまり鉄砲がより使えるようになる。

ただ武田家の歴史では、港を得たあとも、鉄砲は主力武器として出てきませんでした。それを考えると、莫大な犠牲を払って港を得て、水軍までつくって海に乗り出したのに、交易も水軍も有効に機能することはなかった、という気がしないでもない。そこはやはり信玄の失敗だったのかもしれません。

国へのこだわりに絡め取られた信玄

もうひとつ、これは失敗ということではないのですが、信長と比較して、信玄は「国」という単位にこだわり過ぎた気がします。

信玄は甲斐の隣の信濃を攻略した。これは先に述べたように信濃を攻略することで、甲斐本国の盾にするという意味があったのだろうと、僕は考えていますが、そこは固執しません。「そこに信濃があるから取った」ということならばそれまでですが、ここでの問題は、信玄は「信濃国」というまとまりにこだわり過ぎたのではないかということ。

信玄は10年をかけて南信濃を支配下におく。と、そこに謙信がやってきて川中島で戦いを繰り広げます。謙信とは10年間も戦い、計20年をかけて信濃国を自分のものにします。

そして信玄は、室町幕府が与えるその国のリーダーの資格、守護を手に入れ、さらに朝廷が与える資格である国司の官も入手し、信濃守になりました。つまり信濃国を完全に自分のものにしたわけですが、はたしてこれらにそこまでの意味があったのでしょうか。信濃守護も信濃守も名前だけだと思います。

たとえば信長からは「国」へのこだわりがあまり見られません。信長は伊勢国に侵攻しますが、生産力の高い北伊勢だけ自分のものにすると、手強い敵がいる南伊勢は、一度、放置してしまう。そうした融通が利く。

つまり「国という枠」を完全に支配していかないと気が済まないということはなく、信長の場合、街道や、河川など地形に合わせて自分の勢力を伸ばしていったわけです。国というものは山や川の地形に合わせて設定されていますから、結果として国単位で勢力を伸ばしていくのは効率的なのですが、それでも信長の場合、それはあくまで「見た目」であって、実態としては国にはこだわらず、必要とする「地域」を手に入れていきました。

その点、信玄は国というまとまりにこだわっていた。

もちろん信玄は非常に優秀な人物で、戦争もうまい。まるごと一国を切り取って領地を増やすなどという大事業は、ほかの大名にはそうそうできることではありません。

だからないものねだりのような話なのですが、信玄はクーデターを起こして父を追放した後、信濃に侵攻し、10年で信濃の半分以上、だいたい今の長野市まで（石高でいうと30万石くらい）を手に入れています。そこに戦争マニアのような謙信がやってきて、北信濃の地を巡り、川中島で何度も戦うことになった。

しかし、北信濃は山ばかりで、米が取れるような土地は少ない。だいたい10万石ぐらいなのです。この10万石のために、10年も費やしてしまった。合計で20年。それだけの歳月をかけても一国を支配するのは立派ではあります。立派ではあるのですが、信長とくらべるとスピード感の差が出てしまう。信濃の完全支配にはこだわらず、10万石はひとまず置いて、ほかの地域へ進出する考え方もあったのではないか。

信濃国はあれほど広いのに、山が多いために40万石しかない。甲斐本国は20万石なので、合わせて60万石。一方で、信長はまだ20代で尾張を統一しています。今の愛知県の3分の1くらいの範囲ですが、57万石ありました。となると、信玄が晩年に差し掛かって得た領土規模を、信長は20代の若さで既に達成していたわけです。

もっともこれについては、信長が恵まれていたという面は否めません。彼は尾張を統一した後、北の美濃に侵攻し、返す刀で北伊勢も占領します。これらがまた尾張と同じように豊かな地域で美濃だけで60万石もありました。さらに伊勢全体では60万ですが、占領できた北伊勢がその半分として30万石。つまり信長は、30代前半で既に150万石もの領土を持っていたことになります。当時の信長を足利義昭が頼ったのも必然で、ほかにこれほどの力を持つ大名はいないのですね。

しかし、こうしてまとめたうえで、あらためて信長が150万石になるためにかけた労力と、信玄が60万石になるまでの労力を比べてみると、なんだか信玄が気の毒にも感じてしまうのは僕だけでしょうか。

今川義元の失敗

なぜ義元は尾張まで侵攻したのか

今川家は、室町時代の初めから駿河に拠点を持っていた由緒正しき一族です。しかしその駿河の国、実は国土が狭い。石高で言えば15万石しかありません。

今川氏親《うじちか》という人がいました。母方の叔父が北条早雲。この人はなかなかの名君で、一代で遠江をほぼ制圧してしまいます。それで伊豆半島を除き、現代の静岡県をほぼ今川家が領有するようになった段階でその息子の義元が登場した。

この時期、北条と今川は非常に険悪な関係になっていて、一時、駿東地域、沼津のあたりまで北条に攻め込まれていたのですが、それを義元が奪還します。加えて武田を加えた相互不可侵条約「三国同盟」を北条と結んだことで、ようやく駿河を確実に手にすることができました。これで背後を気にせず、心おきなく西へ勢力を伸ばすことができる状況になったのです。

その既定路線の通りに義元は三河国に手を伸ばした。そして徳川家康の家だった松平などを攻略しながら、三河もほぼ今川の領土に組み込むことに成功します。結果として家康は人質として駿府で育つことになりました。

義元は家康に目をかけ、自分の血縁者を嫁に出しています。もし世が世なら徳川家康、いや、義元の「元」の字をもらっていた松平元康は、今川家の武将として一生を終えていたことでしょう。

義元は政治的にも辣腕を発揮しています。たとえば沼津港に停泊した船に関する文書が残っているのですが、それをみると義元は事細かく指示を出している。港湾の管理にまで今川家の関心が及んでいたことがわかります。

軍事的にも政治的にも優れた手腕を持っていた今川義元ですが、ご存じのとおり彼は尾張にも手を伸ばします。それが文字通りに命取りとなってしまったのですが、そもそも彼はなにを目的として尾張まで侵攻したのでしょうか。

昔からそこは「天下統一を目指して上洛するためだ」と説明されてきました。各地の有力な戦国大名はみんな天下統一を目指していた。そのため京都に上洛し、足利将軍家、さらに言えば天皇家から大義名分を得る。そして錦の御旗を掲げて、天下に号令しようと考えていた。もちろん義元も。

しかし、こうした考え方は、昔からあったわけでは決してなく、江戸時代後期に頼山陽《らいさんよう》が『日本外史』で、織田信長の成功について書いた記述に由来しています。頼山陽は司馬遼太郎レベルの国民的作家でした。だから『日本外史』は広く愛読されており、そこに書かれたことがスタンダードになってしまったのです。

ですが、今読むと、その見立てにはおかしなところも多く、たとえば上杉謙信は生涯で二回上洛しています。観光に行ったわけではなく、しっかり兵を率いての上洛です。大内氏も上洛しています。大内氏の場合、明らかに室町幕府のてこ入れを目指していて、副将軍のようなかたちで、何年か京都にとどまっていた。つまり上洛できれば、それで即天下人になれるわけではないのです。

であれば義元が、ただ静岡から京都へと進撃するために、大規模な軍事行動を起こしたというのは、ちょっと考えられない。言ってしまえば、頼山陽にだまされてしまったことになります。

これは非常に有名な話、というより、また僕が言っているのですが、義元は、今川家だけで使われる法律として「今川仮名目録」を制定しました。その中で義元は「わが今川領は、誰の力も借りずに静謐《せいひつ》を保っている」ということを明言しています。将軍の権威を借りているわけでもなければ、天皇の名を使っているわけでもない。今川の力で平和を保っていると。だから、領内で今川の手の届かない土地があってはならない。今川の権力というのはすべての土地に及ぶのだと彼は言っています。

これは言わば、戦国大名今川家の独立宣言だと僕は考えています。俺の領土は俺がすべてを取り仕切っている。先述した沼津港の船もそうです。そのうえで、平和を保っている。つまり自立。これこそが戦国大名の本質だと思います。

今川にとって、もっとも大事な目的は、やはり自分の領土を守ることです。天下統一など、戦国大名は考えていない。自分の国を自分で守ることが戦国大名の存在理由であって、「天下布武」と言っていた織田信長のほうが、例外なのです。

僕も遊んでいますが、「信長の野望」などのゲームの影響もあって「すべての大名が天下統一を目指していた」という見方が世の中に根強く広まっているように感じます。しかし現在では、さすがに研究者は誰も義元が上洛を目指していた、などとは考えていません。

では今川義元は、なにを目的として桶狭間に向かっていたのでしょうか？　これはそのまま、信長の勢力を叩くためでした。

その信長は、尾張国をほぼ一代で支配下に治めた織田信秀の息子です。信秀が死ぬと、カリスマ的リーダーが死んだ後の典型的なパターンとなり、尾張はまた乱れてしまった。しかし跡取りの信長が敵対する勢力をひとつひとつ潰していき、尾張を再統一する。義元は、その信長を見て「うつけという評判だったが、若いくせになかなかやる」と察知した。そして（もう少し早めに叩くべきだったのかもしれませんが）、これ以上信長の勢力が拡大するまえに打撃を与えようと兵を出したのです。

桶狭間の戦いの真実

桶狭間のそばに鳴海城という城があります。その領主の山口家が織田側から寝返ったため、鳴海城は今川側についていました。ここを橋頭堡《きょうとうほ》にして桶狭間のあたりを領有できれば、知多半島を分断することができる。だから義元は、知多半島まで手に入れることを考えていたのかもしれない。

そのときの今川義元の軍勢ですが、織田信長の生涯を描いた中で、一番信頼できるとされている『信長公記《のぶながこうき》（もしくは「しんちょうこうき」）』を見ると4万5000人と書かれています。しかし今川は駿河、遠江、三河を合わせても70万石にしかならない。そう考えれば、2

万人の軍勢を編成したら限界で、とても4万を超えるような大軍は無理。

いくら三国同盟があるといっても、ある程度は守備兵力を残す必要もありますから、尾張侵攻には1万5000人の兵を動員できるかどうかというところだったと思います。

対して迎え撃った信長は3000人の軍勢と言われます。しかしこちらはこちらで、逆に少な過ぎる気がします。信長は57万石の尾張をほぼ手中に収めているわけで、石高は今川とそう変わらない。しかも防衛側としてホームで戦うわけですから、兵も根こそぎ動員できます。となると、普通に考えても1万人くらいの軍は編成できたのではないか。

尾張を統一したばかりだったため、総動員はできなかったと主張する人もいますが、確かにそれはあるかもしれない。ですが、それにしても3000対4万5000という『信長公記』の記述は、さすがに盛り過ぎているように思います。

その兵力差であれば、よほど戦術を工夫しないと信長は勝てない。そこで「信長が迂回し、雨の日に思わぬところから奇襲をかけた」と言われるわけです。

歴史研究者である藤本正行先生は、この「奇襲攻撃で勝った」という伝説が、太平洋戦争のときまで日本人の思想に影響を与えてしまったと仰います。「少ない戦力でも工夫すれば勝てる」という刷り込みをしたために、無謀にも国力差10倍のアメリカと戦争をしてしまったと指摘していますが、誠に同感です。

ただ藤本先生の場合も、信長は3000、今川は4万5000はないとしても2万5000と想定されています。確かに今、今川の兵を2万5000と見る人が多いのですが、僕にはその根拠がよくわからない。その2万5000と信長が正々堂々と会戦したとして、そこまでの兵力差では、いくらなんでも勝つのは無理だと思うのです。

「桶狭間の戦い」が本当に少数対多数の戦いだったとした場合、どうしたら勝つことができるのか、ＮＨＫ『風雲！大歴史実験』というテレビ番組で実験したことがありました。この際、少数のチームにはトランシーバーを渡し、リーダーが各部隊に指示することを可能にし、多数のチームのほうはそうした手段がないように検証をしました。

それで、頭の上の風船をプラスチックハンマーで割るという模擬戦を行ったところ、あっという間に意思の疎通ができる少数チームが、多数チームのリーダーの風船を割って勝利した。つまり指揮の行き届いた軍隊はいかに強いか、烏合《うごう》の衆はいかに弱いかという結果が出たのです。

それを踏まえるに、信長軍の指揮が極めて行き届いていたということがまず考えられます。昔から戦争ごっこをやってきた悪ガキ仲間がそのまま軍勢の中核となった、という背景もあるでしょう。しかもその軍勢は、既に兵農分離が行われていたと想定する。つまり戦いのプロ。信長の兵は３０００でもプロの軍隊なのに、今川は数が多くとも相変わらず農民兵が主体。だから信長は勝てた。

その番組はそうした見立てをしたのですが、しかし兵農分離が信長の支配領域だけで行われて、となりの今川ではまったく行われない、ということなどあるのでしょうか。同じ時期の隣り合った地域で、まったく違う支配原理が存在した。そんなことがあり得るのか。もちろん「ある」という人もいます。しかし当時も忍者のような諜報員が多数いたわけで、情報は伝わるわけです。その中で信長だけまったく違う支配をやっていたとはちょっと考えられない、というのが僕の意見です。

つまり３０００対2万５０００という構図自体を、今一度、米の穫れ高や国力の豊かさから見直すべきではないか。それによれば信長の兵力として1万人ぐらいは動員できたのではないか。そして今川義元の兵力は多くとも1万５０００ぐらいだったのではないか。

1万対1万５０００であれば、これは戦いになる。リアルな数字から「桶狭間の戦い」を考え直す必要があるのではないか。そのように主張しても、今のところ誰も味方になってくれないのですが。

今も「桶狭間の戦い」については「信長軍はどこをどう通っていったのか」「今川義元は田楽《でんがく》狭間にいたのか」といった場所の話、もしくはみな義元が油断していたということで意見が一致しているために「その油断がどこから生じたのか」とか、そんな話ばかりしている。しかしそもそも本当に2万5000という軍勢が本当に存在したのか。本来はそこから考えるべきと思います。

なお、実際に織田軍と今川軍の戦闘が1万対1万5000の規模で行われていたとしたら、これは「勝敗は兵家の常」で、今川が負けることも十分あり得たでしょう。野村克也さんの「勝ちに不思議の勝ちあり、負けに不思議の負けなし」という言葉がありますが、勝負はやってみないとわからないし、戦闘の結果、信長が不思議の勝ちを拾ったのかもしれない。今川義元の敗北も、武将であれば誰もが背負うリスクであって、失敗とまでは言えないということになりますね。

義元はどうにかして逃げるべきだった

ただしひとつだけ言えるものとして、戦場で義元が死ぬ必要まではなかった。どうにかして逃げることはできなかったのか。

戦国の世で敗戦したとしても、そのまま敗戦国の大将が戦場で討ち死にするケースは、さほどない。大将たるもの、家来を犠牲にしてでも逃げます。ずるいようですが、それは自分の保身のためだけでなく、将たる者の心得であり、大将さえ逃げればまた勢力を盛り返すかもしれない。であれば戦場の死も報われる可能性が残るのです。

たとえば武田信玄も、村上義清相手にこてんぱんに負けて、当時「右腕」と呼ばれた板垣信方、「左腕」と言われた甘利虎泰を戦死させています。それでもなんとか信玄が逃げ延びたために再起することができた。

逆にもし大将が死んだら、そこでゲームオーバーです。義元の場合もどんなにみっともなくとも逃げ延びることができればよかったのですが、討ち死にしてしまった。しかも、たまたま流れ弾に当たったとか、運悪く死亡したということでもないらしい。実際にこのときの今川勢は、義元の周囲にいたはずの有力武将が軒並み、ほぼ全滅に近いかたちで戦死しています。まさに惨敗。

ちなみに、このとき戦死した城主クラスの武将はみな遠江、もしくは三河の人たちです。これは当時の軍事の鉄則ですが、新しく手に入れた国で新しく部下になった連中が、真っ先に前線へ動員されていました。

そうして踏み絵を踏まされ、忠誠心を示すために先陣で戦う必要があったわけです。であれば駿河国の武将は、ちゃんと義元とともに出陣していたのでしょうか。もしかすると駿河本国を守っていたのかもしれません。

こうした主だった武将が軒並み戦死してしまう事例は、武田対織田の「長篠の戦い」（1575）や、九州全土を支配する勢いを見せていた大友宗麟が島津に敗れた「耳川《みみかわ》の戦い」（1578）などがありますが、やはり少ない。しかも、「耳川の戦い」の宗麟は戦場に出ていませんが、「長篠の戦い」では敗北した武田勝頼をみなが必死で逃しています。

桶狭間では義元まで討ち取られたわけですから、これはもう圧倒的に信長が勝ったということです。とすると「奇襲攻撃を仕掛け、ピンポイントで義元を討ち取ることに成功した」というより、「本格的に戦闘を行って圧勝した」という状況だったのではないでしょうか。「桶狭間の戦い」については、まだまだ研究する余地はあると僕は思います。

そして今川義元の失敗は、負けるにしても命まで失ったのが失敗でした。「そりゃそうだ」と言われそうですが、それにしても明らかな大失敗だった、という話です。

武田勝頼の失敗

城を攻め落とすメリットとは

武田勝頼の失敗した理由、というか、武田家が滅びてしまった理由はたくさんあります。たとえば、武田信玄のところで述べたように、ついこの間まで同僚と見られていた勝頼がトップになったために家来がついてこなかったということも、理由のひとつでしょう。しかしここでは勝頼が高天神城《たかてんじん》という城にこだわるあまり、自ら不利な状況にはまっていった、という経緯に焦点を絞りたいと思います。

そもそも素朴な疑問なのですが、戦国武将はなぜ城を攻めるのでしょうか? 僕はこれをさまざまな城の研究者に訊いたのですが、みんな口ごもってまともに答えてくれない。

ひとつの答えとして「交通の要所だから」というものがあるでしょう。城を落とせば街道が手に入り、交通と物流を抑えることができる。だから攻めるのだ。それならよくわかります。

しかし城郭の中を街道が通るヨーロッパの城とは違い、日本の城は街道があれば、その脇に築かれる。城を落とさずとも、交通も物流も確保できるのです。

もうひとつ城を落とすメリットとして考えられそうなのは、攻め取ることで、生産力を持つ平野や、経済的な利潤を生む市街を手に入れられるということ。

たとえば博多の街を守るために築かれた城として立花山城があります。当時の博多の街は堺に次ぐ商業地域。支配できれば莫大な経済的利潤を生む、まさに金の卵を産むニワトリでした。博多の街が欲しい。そのためには立花山城を取る必要がある、だからこそ、九州の大友と中国地方の大内が激しい争奪戦を繰り広げました。

同じケースとして、松永久秀が奈良の街を支配するために築いた多聞山《たもんやま》城があります。当時の奈良は京都に次ぐ大都会で、鎧兜の製造では最先端を走っていました。そしてこの地を取るには、多聞山城を落とす必要がありました。

ちなみに江戸時代になると、もはや「城＝街」になります。江戸の街は江戸城の中に築かれ、守られる。それで街と城が一体化していく。

しかし戦国時代までの城は基本的に山城です。立花山城や多聞山城のような城のほうが少ない。言ってしまえば山の上にぽつんとあるわけで、攻めにくく、守りやすい。その城を苦労して落としてどんな利益があるのか。日本には、攻め落とすことの利益がよくわからない城がたくさん存在しています。

もし敵が立てこもるから、というのなら放置してしまえばいい。たとえば徳川秀忠が真田家の上田城を攻めるも落とせず、「関ヶ原の戦い」に間に合わなかったという話は有名です。

しかしこれもなぜ、わざわざ城を攻めたのでしょうか？　僕などは、たとえば上田城に2000人の軍勢がいたとしたら、その倍の4000人の部隊を城の前に置いて、通り過ぎてしまえばいいのでは、などと思うのですが、そうした疑問に答えてくれる人はいないのです。

僕はよく「軍事史の空白」という言葉を使うのですが、日本の場合、昭和期の戦争の反省があるために、軍事について研究すること自体〝タブー〟という風土があります。たとえば日本学術会議が「軍事に転用可能な、多角的研究をやってはいけない」という申し合わせを行っていたと報じられました。本来これは理系の話ですが、文系分野でも守られているのでしょうか？　軍事の初歩的な疑問さえ、答えてくれる人がいません。

たとえば「背後からの攻撃」は、どれほどの威力があるのでしょうか？

織田信長が越前の朝倉を攻めたとき、近江の浅井長政が裏切ります。浅井から背後を攻撃されることを知った信長は味方を捨て、一目散に逃げ出したとされます。

しかしそのときの信長は、3万もの軍勢を率いていた。対する朝倉は1万で浅井はせいぜい2000程度。であれば、3万の軍勢を半分にわけ、背後と正面に挑めば、浅井にも対応して十分に戦うことができたのではないか。

これはまさに「机上の空論」です。しかし、ではどこが机上の話なのか、教えてくれる人がいない。

新撰組は「1人を確実に倒すために必ず3人でかかる」という戦法を採用していました。プロレスの神様、ルー・テーズだったか、アントニオ猪木を教えたカール・ゴッチか忘れたのですが、「レスラーが2人までなら相手にすることができる。しかし3人からかかられると勝つことはできない」と、新撰組の裏表のようなことを言っていました。3人でかかると1人は背後を襲うことができる。それは相当、有利なのでしょう。そこから類推するに、軍隊も背後から襲撃されれば、とてももろいのかもしれない。

信長ほど戦に慣れている人が、背後の浅井が裏切ったと知るや、這《ほ》う這うの体で逃げた。ということはやはり、それほどの窮地と考えるべきなのかもしれませんね。

軍事については議論さえできない状況ですが、僕としては、現役の自衛官の方たちに意見を聞いてみたいし、もし自衛隊や防衛大学校と共同研究することができれば、とも思うのですが、現実的にはこれが難しいのです。

「知識人は左であるべき」というかつての考え方も、すべてがすべて悪いとは思いません。しかしそうした人たちにとっては「自衛隊＝戦争」という構図がいまだに生きている。だから自衛隊の軍事の専門家と意見を交換したり、ましてや共同研究を行ったりなどは、もってのほか。そのためか、現在もまだ実現しないのです。

歴史を学ぶためには、戦いというもの、すなわち軍事を避けて通ることはできないはず。戦いのプロの方と探求していくことが、この先の夢のひとつです。

なぜ勝頼は高天神城にこだわったのか

さて、そのような学問的な背景がある中での、高天神城の話です。

この城はもともと徳川が支配する城でしたが、後に武田のものとなりました。そして武田が「長篠の戦い」で大敗を喫した後、徳川家康が攻勢に出て、周辺の城が次々と落とされていくわけですが、勝頼はこの城をなかなか放棄しなかった。

なぜ彼は高天神城にこだわったのか。そこを保持しておくことにどんなメリットがあったのか。城の研究者の人たちに訊いても答えてくれない一方、「境目の城」という概念にその理由があるように感じています。

境目、国境の城。たとえば高天神城までが武田領、付近の別の城までは徳川領という状況であれば、城の奪い合いが、そのまま領地の拡大に直結することになる。しかも、攻めにくく守りやすい山城であっても、一度落としてしまえば攻守を変え、その城で防衛することができる。

しかしここで注意してほしいのは、城そのものの保有にはさほど利益はないということ。城が国境にあるからこそ、地政学的な意味が出てくるというわけです。

先に述べたように高天神城はもともと徳川の城で、武田との国境にある、まさに「境目の城」でした。現在の静岡県掛川市にあたります。しかし実に険しい山城で、あの武田信玄が攻めても落とすことができなかった。ところがその城を、勝頼の代になって落としたのですね。ビギナーズラックだったのかもしれませんが、あの戦の神様である信玄公でも落とせなかった城を、勝頼が落とした。「勝頼様は、信玄公以上の戦上手なのかもしれない」。そうした話になるわけです。

しかしもう一度、繰り返しますが、高天神城は、あくまで徳川と武田の境目にあったからこそ意味があるわけです。だからもし周辺環境が変わると、その存在意義も失うことになる。まさにそんな事態が起きてしまった。

「長篠の戦い」で武田は完敗を喫し、それに乗じて徳川が攻勢に出た。高天神城も奪われて当然だったのですが……その城を守っていたのが、岡部元信という大変な名将でした。

彼はもともと今川に仕えていて桶狭間にも出陣し、本陣と離れ、別働隊として戦果を上げていました。そこに〝義元戦死〟という知らせが入ったのですが、岡部は慌てて逃げ帰るわけではなく、粛々と軍を引く。そして織田方と交渉して、見事に義元の首を取り戻して国へ帰ったという経歴を持つ、沈着冷静な名将です。その後、今川に見切りをつけ、武田側に転職していたのですが、「新参者は最前線に送られる」という原則どおり、対徳川最前線の高天神城を任されていた。岡部は一所懸命、城を守り抜きます。

一方の徳川軍は、しぶとい高天神城を置き捨てて、周辺の城を落としていく。気がつけば、徳川勢の真ん中に高天神城が孤立し、ぽつんと取り残されてしまうことに。太平洋戦争史に詳しい人に聞くと、この状況はガダルカナル島と同じと言います。

何度もいいますが、城を確保すること自体に意味はありません。〝境目の城〟という意義を失った以上、勝頼も「早々に城を放棄して戻ってこい」と言うべきでした。

それなのに、ぐずぐずしてしまったのはなぜか。結局、高天神城は、勝頼を伝説化するための城なのですね。彼が攻略し、戦争の天才である父越えを果たしたという城。その名誉を忘れることができず、放棄できなかった、というのが事実でしょう。

成功体験に囚われると判断を誤る

さて、そこに目をつけたのが信長です。信長はきっと人の悪い笑みを浮かべながら、家康に「高天神城を落とせ」と指示した。そこで徳川は本格攻勢を行うことになり、すると当然、降伏の話が出てくるのですが、信長は家康に「降伏を許すな」と命令する。

本来、そこでは降伏を受け入れるのが普通なのです。それによって困難な攻城戦をやらなくて済む。お互い無用な犠牲を出すことなく、たとえば城主を切腹させる条件で城兵の命は助けるなどして、降伏を受け入れればいい。しかし信長は、あえてその道を断った。

一方、高天神城降伏の可能性が絶たれたことで、武田側の選択肢はふたつに絞られます。ひとつの選択肢としては、高天神城を救援することです。自分の味方の城が攻められたときに救いに行くことを「後詰め」と言いますが、それを行う。そしてもうひとつの選択肢が、城を見捨てるということでした。

一般論として、リーダーたる勝頼は後詰めを行わなければならない。もし見捨ててしまえば、それぞれの土地を守っている武田領の武士たちが「勝頼殿は、いざとなったときに見捨てるお方じゃ」となり、それまで従属していた武士たちが雪崩を打って離れていくことになりかねないからです。それを避けたければ、後詰めをするしかない。

ところが実際に後詰めのために援軍を出せば、それを織田が待ち構えていることも目に見えている。武田が本隊を出してくれれば、織田は当然それを叩きにくる。武田は既に「長篠の戦い」で織田に大敗しているわけで、また戦って勝ち目があるかと言えば、それもない。今回また負ければ、もはや滅亡まっしぐらです。

救援か、見捨てるか。しかし、どちらの選択肢を取っても勝頼にとってはアウト。信長の打った手により、勝頼はいわゆる「詰んだ」状況に追い込まれたのです。

結局、勝頼は「後詰めはしない」という選択をとりました。とてもできる状況ではないし、やれば確実に滅ぶ。ということで、見捨てられた高天神城は落ち、城主の岡部以下、城兵たちはほとんど戦死してしまいました。

それで実際に「武田はもうだめだ」ということになった。信長が1582年、「本能寺の変」の年に行った武田攻めの際には、武田領の武士たちが、戦う前から軒並み降伏してしまいます。ほとんど戦闘になりませんでした。

悲しいことに武田勝頼は、それまでの躑躅《つつじ》ケ崎《がざき》城に代わり、新しく新府城という大きな城を築いていました。大きい城は、それなりの数の城兵がいないとむしろ「ここから攻められます」というスキを作るだけ。機能しない。しかし味方がみんな逃げてしまったので、勝頼は城に立てこもることができなくなってしまった。勝頼は新府城を放棄し、天目山《てんもくざん》まで逃げたところで自害することになります。

自分の成功体験、過去の栄光に囚われて、判断を誤ってしまった。それが武田勝頼の失敗だったということになります。

北条氏政の失敗

父譲りで優秀だった氏政

北条氏政は初代の早雲から数えて北条家の四代目です。彼の父親である氏康は、戦国大名でまず間違いなく五本の指に入る名将で、政治もできたし、軍事もできたという、極めて優秀な人物でした。

その優秀だった氏康の息子が氏政なのですが、非常に有名なエピソードがあります。氏康と、まだ子どもだった氏政が一緒に食事をしたときのこと。そこは名将・氏康だからか、食卓にそれほど豪華なものは出てきません。質素にご飯とみそ汁。そしてみそ汁をご飯にかけて食べたりする。

ある日、氏康が息子の氏政がご飯を食べるのを見ていると、氏政はかけるみそ汁が足りなくなったので、おかわりをしていた。それが次の日も、また次の日も。その様子を見て、氏康は「うちの息子はダメだ」と思ったそう。

毎回、ご飯もみそ汁も決まった量が出てきます。であれば、どんなバランスで食べたらちょうどいい加減になるかわかるはず。それなのにこの息子は、いつもみそ汁が足りなくなっておかわりをしている。この様子では、息子の代で北条家は滅びるだろう、と言ったそうです。はたしてその予言のとおり、氏政は秀吉に従うことを拒否し、結果として北条家は滅ぼされることになってしまいました。

もっともこれは当然、後からの創作です。実際の氏政を見てみると、この人もなかなか優秀な武将でした。上杉謙信のところで、上杉と北条が講和を結んだと述べましたが、それを進めたのは氏康です。三国同盟が破れ、武田と手切れになったとき、氏康はすかさず謙信と同盟を結び、自分の庶子（のちの上杉景虎）を人質に出しています。それで武田と対立した。

しかしその跡を継いだ氏政は、上杉は頼りにならない、同盟は間違いだと考えた。氏康が生きている間は父の作った方針を変えませんでしたが、亡くなった後、やはり武田ともう一度、手を組むことにしています。彼の判断は間違いではなかったと僕も思います。

氏政は決断ができる男だし、見通しも確か。氏政は父親、そして初代・早雲以来続く北条氏の事業を受けついでしっかりと発展させた人物であり、実際、北条氏は氏政のときに最大版図となっています。


鎌倉時代も戦国時代も似た経過をたどった北条氏

その発展のさせ方が非常に面白い。というのも、戦国武将である北条の前の北条、つまり鎌倉時代の北条氏と同じ経過をたどっているからです。

現代ならブルドーザーなどもあるし、土地そのものを変えることができますが、当時は当然ありません。ということで領地の拡大も、ここで川が流れているとか、ここに山があるとか、地形の影響を大きく受けることになります。

鎌倉時代の北条氏は、もともと伊豆韮山の小さな武家でした。それが頼朝について鎌倉に移り、頼朝の死後、幕府内部で抗争を繰り広げながら、まず武蔵国をがっちりと手に入れる。今で言う東京都と埼玉県です。そして相模国、今の神奈川県に地盤を築きました。さらに勢力を伸ばして北に上がり、上野国、つまり群馬県を押さえる。

ここで群馬県近辺の路線図を考えていただきたいのですが、高崎では上越線と信越線に分かれています。つまり新潟に抜けるか、軽井沢を通過して長野に進出するかという方向が見えてくるわけですが、ここまで来たところで鎌倉北条氏は滅びてしまいます。

つまり、この時の北条氏は房総半島には進出していません。そちらには向かわず北に上がるわけですが、実は同じ経過を戦国時代の北条氏もたどっている。

戦国時代の北条氏は、後の北条氏ということで「後北条氏」と呼ばれますが、こちらも伊豆国韮山から出てきています。だから韮山城は最後まで後北条氏の城になるのですが、ただし、初代の早雲はもともと伊勢新九郎、後に伊勢宗瑞《そうずい》で、それが早雲、早雲庵と名乗っていただけ。二代目の氏綱が小田原城を手に入れたあたりで「俺たちは韮山出身だし、同じ地域から出た北条姓を名乗ろう」となり、北条の名を称するようになったわけです。

早雲の代で、まず相模をほぼ制覇し、息子の氏綱の代では完全に支配する。そして三代目氏康のときに武蔵国で一番の城、川越城を落として武蔵を手に入れた。そして群馬にも影響力を及ぼしていたのですが、四代目の氏政は父の業績を踏まえたうえで、群馬を手に入れた。おおよそ今の神奈川県、東京都、埼玉県、群馬県までを支配下においたわけです。そしてやはり後北条氏も、房総半島へは本格的に進出しなかった。

なぜかと言えば、房総との間には関東一の川、利根川が流れているのですね。スケールは違いますが、中国の『三国志』でも「赤壁の戦い」（208）で負けた曹操が「ここから先はもういい」と、長江を越えることを諦める。そして長江を国境にした国を築きます。

中国の人が日本に来て瀬戸内海を旅行した際に「なんだ、日本にも長江と同じくらい大きな川があるじゃないか」と言ったとかなんとか、聞いたことがありましたが、スケールこそ違えども、長江のように利根川が進出の壁となり、国境になったわけです。

それを家康が川そのものをぐぐっと曲げ、今の鹿島灘に注ぎ込むようにする。それまでの江戸は利根川の影響でたくさんの人が住むことのできない湿地帯でしたが、家康が大河の流れを変えたことで、居住可能にした。ただし井戸を掘っても海水しか出なかったので、井の頭から水を引いてきた。

小説家である門井慶喜先生の『家康、江戸を建てる』（祥伝社）に描かれていますが、工事に当たったのは伊奈家です。それも当主四代にわたって立ち向かった大工事でしたが、その工事以前の利根川の流れは、大変に大きかったわけです。

だから鎌倉時代の北条氏も、戦国時代の後北条氏も、川は越えずに北へ北へと上がっていった。もともと同じ伊豆出身でその姓を名乗ったくらいですから、後北条氏は、鎌倉の北条氏のことを強く意識していたことでしょう。しかも同じように関東を支配していったことで、さらに「歴史」というものを受け止めていたように思います。

もともと五代、一世紀にもわたってがんばってきた北条氏です。それだけでも十分に「豊臣秀吉のような、どこの馬の骨かわからない農民上がりに、頭なんか下げられるか」というプライドがあったでしょう。加えて「鎌倉時代から武士の本場である関東の覇者である」という歴史認識、そして「武士の伝統を受け継ぐのは俺たちだ」という自覚も大きかったのではないかと僕は思います。

ここまで何度も述べましたが、日本はもともと西高東低の国でした。文化の先進地域は西の上方で、関東は僻地。実際、江戸も家康が大工事を始めるまで、人も住めない土地だったわけです。

その関東で源頼朝が武家の政権を作った。西国で独立政権を作ろうとしても朝廷は絶対に認めず、威信にかけて潰しにくるでしょう。しかし東国ならば、その余地がある。とは言えやはり簡単ではなく、頼朝は必死に朝廷と折衝を繰り返し、ようやく認められた。そして鎌倉時代は西と東、この場合、朝廷と武士の政権の関係は並び立つかたちで終わりました。

鎌倉幕府が倒れた後、足利尊氏の弟・直義は鎌倉に帰って、もう一度、関東で幕府を開こうと主張した。しかし足利勢はその意見を無視するように京都に進撃して、占領する。当時は民主主義なんてありませんから、みんなで投票して決めたわけではない。となると〝足利氏ナンバー2〟である直義の意見を抑え込めるのは尊氏しかいない。つまり京都進出は尊氏本人の意図だったことになります。

尊氏は政権の核として京都を選択し、朝廷と幕府が一体になった。しかし、それなのにまたお互いを切り分けようとしたのが直義でした。

朝廷も武士の権力に包含しようとする尊氏の路線は、孫の足利義満に継承される。そして義満は貴族として出世することで、実際に朝廷を包含し、天皇の権力をも取り込んでいく。だからこそ彼は海外に対して、自分こそが日本のトップ、日本国王であると称したわけです。

そのため、将軍の権力が最高潮だった足利義満のときには、朝廷もあまり文句は言えなかった。しかし、明との貿易を再開した六代将軍の義教が、日本国王を名乗ると、さすがにクレームをつけた。そのときに第三章で述べた三宝院満済は「いえいえ、天皇という存在は国王の上の国主です」などと言ってごまかしたのですが、それは誰の目にもごまかしだとまるわかりですね。ちなみに義教は怖い人なので、文句を言った人はみんな殺されたり、左遷されています。

そうしたかたちで天皇と将軍、それから朝廷と幕府が一体になったのが室町幕府でした。そしてその室町幕府の方法論を継ぐ、上方勢力の主権者となったのが豊臣秀吉です。その秀吉と対立する関東の支配者、後北条氏。つまりこれは朝廷と鎌倉、尊氏と直義、西と東の構図を、戦国時代において再現する構図でもあったのです。

そのときの北条にしてみれば「上方の武士など武士ではない。本物の武士は俺たちだ。俺たちは関東に自立する武家政権なのだ」というプライドが当然あったでしょう。

一方で上方の豊臣秀吉にしてみれば「いつまで北条は古いことを言ってやがる。時代は経済だ。経済から言えば、俺たちのほうがはるかに上だ」などと思っていたに違いない。そして東国と上方の戦いがまたここで繰り返されることになります。関東の覇者である北条は、上方の秀吉に対して頭を下げることがどうしてもできなかったのでしょうね。

人には頭を下げなければいけない時がある

北条にしてみると、東国の武士たちをまとめ上げて上方と対抗するという方法論があり得た。上方から見た関東が田舎だとすれば、さらに遠くに東北がありますが、関東の武士を取り込み、さらに伊達政宗を始めとする東北の大名を取り込めば、豊臣に対抗できるという判断があったと思う。だからこそ対立したのでしょうし。

恐らく徳川家康あたりが一所懸命「もうそういう時代じゃない。北条さん、世の中の動きを見ようよ」と説得したと思うのですが、及ばなかった。

似たようなことは、たとえば九州の島津でもありました。秀吉は北条の前に九州征伐を行い、島津を叩きますが、その際、当主の島津義久は鹿児島第一主義でした。しかし弟の義弘はある程度状況の見える人で「豊臣の力は凄い」と考えていた。

義久は「秀吉なにするものぞ」の勢いで戦いますが、負けてしまう。それでも義久は鹿児島ファーストの旗を下ろさずにいたのですが、義弘は大坂へ視察に行き、巨大な大坂城を見て唖然とするわけです。なにもかもスケールが違う。この勢力とは戦いにならないと。

しかし、その後の朝鮮出兵でも、義久は当初、秀吉の動員に応えようとしなかった。それで上方の実力を知る義弘は「このままでは島津は潰される」と慌てることになる。九州の大名は特に朝鮮への出兵に際して、フル動員を命じられていたからです。

約束の日までに島津部隊は到着しなかったのですが、やっと1万人の軍勢が送りこまれて、半島で大暴れした。今でも「鬼石曼子（グイシーマンズ）」と言われるわけです。

しかし地元ファースト派と上方派の相違は解消せず、最終的には、関ヶ原の戦場にたった1500名を率いて義弘が出陣する事態に至りました。

九州の最南端ですが、それでもあの人たちは枕崎や坊津を持ち、交易をやっていた。昔から商売上手で、経済にも意識が高い。その島津でさえ秀吉に敵わなかったわけで、北条では、とても対抗できなかったのは必然であります。

これを氏政の失敗だとするなら、そのようにも言えるでしょう。

ただ、後世の僕らにしてみれば「生き残るためには秀吉に頭を下げるしかないよ」と思いますが、みんながみんな、上方に視察した島津義弘ではありませんし、地元第一の力はすごく強いのですね。伊達政宗も、それで苦労したのかもしれない。ほかの東北の大名たちも挨拶が遅れたというだけでたくさん秀吉に潰されています。

もともと上方対関東という対立の図式があり、北条については、特にそれを受け継ぐ関東の覇者という意識があった。その意識を理解しないと、北条が秀吉に頭を下げることができなかった理由もわからないと思います。

上方対関東という図式は今にも伝わって、それが巨人対阪神の、宿命のライバル関係に繋がっている（と僕は思います）。

第五章　安土桃山時代の失敗

浅井長政の失敗

信長と義弟・浅井長政の関係

よく知られるように、浅井長政《あざいながまさ》は織田信長と同盟を結んでいました。長政は美人で有名だった信長の妹、お市さんを嫁にもらい、信長の義弟にもなっています。しかし彼は織田信長を裏切った。その理由が僕にはわからない。本当にわからないのです。

そもそも信長はなぜ浅井と同盟を結んだのか。それについてはあらためて「上洛」の定義を考える必要があります。

上洛とはなにか？「今川義元の失敗」のところでも触れましたが、「単に京都へ行く＝上洛＝天下人になる」という図式ではまったくありません。お客として京都へ挨拶に行くだけなら、わりと誰でもできる。

それを踏まえて「上洛した」と言うのなら、それは京都を自分の支配下におき、「俺の京都」にしたことを意味します。そのためには、京都と自分の領地が途切れずに繫がった状態を完成させることが要求されます。それで京都に到達することこそ「上洛」です。

なので「今川義元が上洛を目指していた」という話ではここに無理があり、静岡から京都まで途中をすべて支配下に置きながら進撃することなど、果たして現実味があるでしょうか。

しかし美濃、岐阜県を自分の領地にしていた信長は、それをやった。岐阜から4万と言われている大軍を率いて京都に向かったのです。

岐阜から京都へ向かう場合、現代なら新幹線が通る米原あたりに出て琵琶湖の南側、南近江を抜けて京都に入ることになる。そのルートを支配下におくことができれば「上洛」の成立です。その計画の邪魔となったのが、南近江のふたつの勢力でした。

ひとつは六角《ろっかく》家。六角は、後に安土城ができるあたりを鎌倉時代からずっと持っていた一族です。そしてもうひとつが琵琶湖の周辺、長浜のあたりに所領を持っている浅井です。

上洛の障害となる相手を潰すか、味方にするか。信長は浅井を味方にすることを選びます。同盟を結んだのです。当時の信長の同盟者には徳川家康がいましたが、そこにもう一人、浅井長政が加わったことになります。

それで浅井のことを気にしなくていい状況を作り、六角を攻めた。4万の大軍に攻められた六角は鎧袖一触《がいしゅういっしょく》で逃げ出し、その所領は信長のものになります。これで信長は自分の領地だけを通って京都まで往来できるようになった。まさに「上洛」です。

なおこの際の上洛戦には同盟者である長政も参加し、義弟として京都までつき従っていま す。それを考えてみると、織田と同盟を結んだ長政の判断は、とても正しかったと僕は思いますし、もし長政が信長に従い続けていたら、どうなっていたでしょうか。

「信長は裏切りを許さない」とよく聞きますが、それは「織田家を裏切るのは許さない」ということであって、「相手が裏切って信長に投降してくる」ことは許しています。そもそもこれを許さないと戦国大名は成り立ちません。「調略」とは、要するに相手の裏切りを誘うこと。裏切って投降してくるのは、信長も大歓迎なのです。中には、調略されて味方にできたのに、人間的な相性が合わなかったのか、殺してしまった例もありますが、それは例外だと思います。

なぜならば、投降した人間をやたらと殺していたら、誰も降伏しなくなるから。そうなれば、ずっと戦争し続けなければならない。これは手間もお金も膨大にかかる。

むしろ裏切って投降してきた人間でも、信長は才能があればどんどん使いました。それが信長の「人材活用法」で、「織田信長の失敗」のところで述べることになりますが、なぜ明智光秀を重く用いたかというと、それは光秀が有能だったからにほかならない。いらない人はいらないが、才能があると見ると徹底して使う。それが信長です。

だから浅井長政が、そのまま信長に忠実に仕えていたら、大名としてどんどん大きくなっていたことでしょう。京都に近過ぎるので、近江をそのままもらいはしなかったかもしれませんが、どこか違う国をもらえた。ありそうなのは越前一国をまるごともらうこと。義弟に対してそれぐらいの厚遇はしてくれたのではないか。

信長からすれば、同盟者である徳川家康の存在意義は「武田への盾」でした。同じく同盟者の浅井を越前に置いて、「上杉への盾」とすることはいかにもありそうな話です。とはいっても、京都入りした段階ではまだ越前を領有していませんでしたが、上洛を果たした信長が、次のターゲットに設定した相手が越前の朝倉でした。

信長が朝倉を攻めた理由

ではなぜ朝倉を敵と定めたのか。これはシンプルに越前国が美濃国の隣だったから、ということだろうと僕は思います。

なお信長は、岐阜城に入ったときから「天下布武」と言うようになりました。天下に武を敷き、武で統一する。この「天下」とはなにを指すのか、という「天下論」が、研究者の間で議論になっているのですが、ひとつに「天下とはあくまで京都周辺を指す」という説があります。日本全国のことではなく、京都とその周辺。あるいは広くとったとしても近畿地方まで。布武とはその地域に秩序を打ち立てること。しかしこの説は近視眼的で、無理のある解釈だと僕は考えています。

なぜならば、そもそも天皇とは「『天《あめ》の下』しろしめすおおきみ」でしたし、鎌倉時代の時点で源頼朝のような武家も「天下」を日本列島全体の意味で用いていましたから。確かに、京都のあたりを天下と呼んでいるケースもあるのですが、少なくとも信長は違う。もし信長にとっての天下が京都周辺のことであれば、なぜ彼は上洛した後も、日本全体の支配を目指したのでしょうか。

それにもし「天下布武」が京都周辺の秩序確立を指すのであれば、彼は上洛後、近畿地方の完全平定を目指したはずです。

本当に京都の治安を守ろうとするのなら、越前の朝倉を攻めている場合ではない。近畿には敵がまだたくさんいたのだから。秀吉に播磨の攻略を、明智光秀に丹波の攻略を命じているのは有名ですが、これはかなり後のことです。

播磨も京都に近いですが、特に丹波は、室町以来、京都を攻めるときの根拠地とされてきた。ここに兵を集めてから攻めるのが、京都攻略の〝王道〟でした。なぜ急いでここを攻め取らなかったのか。

足利尊氏が伯耆大山の後醍醐天皇を攻めるために中国路を行軍していたとき、篠村八幡宮という神社で「俺は後醍醐天皇の命令に従い、京都の六波羅を攻める」と決意表明をしています。その篠村八幡宮は老ノ坂《おいのさか》のすぐそば、丹波の亀岡にあります。

それと同じことをやったのが明智光秀で、彼は老ノ坂まで来て「俺は京都を攻めるぞ」と引き返しました。こうした事例は枚挙にいとまがなく、京都を攻めるときは亀岡から攻めるのがひとつのセオリーなのです。だからもし天下が京都のことなら、信長はその防衛のために真っ先に丹波を取っていたことでしょう。

しかし彼は朝倉を攻めたわけで、それを考えても「天下＝京都」、あるいは京都の周辺か、近畿地方という説は、僕には納得できない。

「天下＝京都説」側の反論として、たとえばこの時期、信長は同盟関係にあった武田信玄に送った平和的な手紙にも「天下布武」のはんこを押している。武で天下を統一するということは「いずれあなたの国もいただきます」ということになるからおかしい、となるのですが、信長は冗談で、自分のことを「第六天魔王」と言ったりする変わった人なのです。だから平和的な文書に「天下布武」と押すのは、彼ならばいかにもやりそうなこと。

結局、信長は朝倉を攻めた。その理由としては「自分の領国の隣だったから」で十分ではないでしょうか。信長は、日本列島を支配しようとする侵略マシーンだったので、次に越前を支配し自力を大きくしようとしていた。これのほうが、「天下とは実は京都のことだった」と難しく考えるより、よほど簡単で普通の意見だと思います。

攻められた朝倉のほうはどういう家かというと、信長の前に、足利義昭が「わたしを京都に連れていって」と頼ったのが朝倉。しかし断ったのですね。「内向き」と言えばそういうことなのですが、この本でも何度も述べてきたように、戦国大名とは、なにより自分の領地で自立している人々。国を守ることが最大の目的で、「京都を目指して大名たちがしのぎを削っていた」というイメージのほうが間違いなのです。

しかも当主の朝倉義景は引きこもりの傾向があって、対信長戦の「姉川の戦い」（1570）でも、一族の朝倉景鏡《かげあきら》を送って、自分は戦場に出ていない。そういう人ですから、「朝倉が京都に色気を見せていたから、攻撃した」という説も成立しないのです。

誘惑に打ち勝てなかった長政

越前侵攻に際し、信長は大軍を率いて、まず敦賀にある金ヶ崎城を落とす。そして次に手筒山という城を落とす。そこまで来たところで起こったのが、浅井長政の裏切りでした。近江の浅井が裏切るということは、越前攻略中だった信長にとって、背後を攻撃されることを意味します。その知らせを受けた信長は「これでは挟み撃ちになる、まずい」と、取るものも取らずに戦場を離脱。琵琶湖の北側を通って京都まで逃げていく。その迅速さをみると、挟み撃ちにはよほど大きな打撃力があることがうかがい知れます。

そこで問題なのですが、結局、長政はなぜ裏切ったのか。

よく言われるのは浅井家にとって朝倉家は、極めて重要な家だったということ。浅井は朝倉に返せないほどの恩があり、もし朝倉を攻めるときは、必ず私に一言相談してくださいと信長に申し入れていた。ところが信長は、長政に無断で朝倉攻めを行った。だから浅井は信長を裏切り、後ろから攻撃を仕掛けた、などと説明されてきました。

しかし実際に調べてみると、どこからも朝倉が浅井の恩人だった、という類の話は出てこない。むしろ朝倉の軍勢が浅井の小谷城を占領した、という話なら出てくる。よりにもよってその軍勢を率いていたのが「武者は犬ともいへ、畜生ともいへ、勝つ事が本にて候」という有名な言葉を残した猛将、朝倉宗滴《そうてき》です。

彼は小谷城を乗っ取ってしまった上、しかも「浅井家の衆は戦いの様子を知りませんな」ということで、わざわざ浅井の部隊を調練したという話まで残っています。

それは「ありがとうございます」と恩を感じる話なのでしょうか。むしろ余計なお世話だと思うことでしょう。ましてや半分近くも領地を占領されていたわけですし。

浅井家は長政の祖父、亮政が活躍して戦国大名になったという、もともと歴史の短い大名です。その歴史を追っても、「朝倉が手助けをしてくれた」という話はあまり出てこない。となる二代目、浅井久政は無能で有名ですが、この人も特に朝倉の世話になってはいない。となると「朝倉のどこにそんな恩義を感じていたのか」という話になるわけです。

そこで離反の理由として考えられるのは「戦国大名のDNA説」。

信長には意外とそういうところも垣間見られるのですが、一度味方になった相手はわりと信じている。だからこそ、最後は明智光秀にやられるのですが、朝倉戦でも浅井を信じて、背後は警戒していなかった。「今なら、あの織田信長を討つことができる」。そう感じる瞬間が、恐らく長政にあったのではないでしょうか。

浅井領は10万か12万石です。となると浅井の動員能力は2500人、がんばっても300

0人程度。正直、時代のメインプレイヤーではない。むしろサブです。そんな浅井が、メインに躍り出るには、信長を討つことが手っ取り早い。しかも気がつくと、その信長がまるで警戒せずに自分に背中を向けている。

そう考えたとき、彼もまた戦国大名ですから、功名心への誘惑に勝てなかったのではないでしょうか。信長を討てば、自分は一気にのし上がることができる。僕はそのときの長政に、明智光秀の心情と通じるものがあったのではないかという気がしてなりません。

浅井長政は「今しかない」という感じで、裏切ってしまった。しかしそれをいち早く知った信長はとどまって戦うという危険は冒さず、早々に戦場を離脱する。そこは長政の計算違いで、実際に信長を逃がしてしまった。サブプレイヤーにとって、万にひとつの大チャンスを逃がしてしまったら、もう終わり。長政はもはや滅びるしかありませんでした。

織田信長の失敗

人が国単位で暮らしていた時代

信長の最期を考えると、なぜ明智光秀を重く用いたのか、という問題が浮かんできそうです。しかしこれは失敗なのかどうか、よくわからない。むしろ信長という人の構造的な問題だったように思います。信長という人は、人材登用においても、当時のほかの戦国大名とかなり違っていました。

たとえば先の浅井長政のところでふれた越前の朝倉。朝倉は「応仁の乱」に乗じて越前を奪い、一乗谷で五代100年にわたる栄華を誇った、要するに戦国大名の草分けのような家でした。小田原の北条も五代100年ですが、戦国時代に突入したあたりに一旗揚げた勢力がそのまま残ると、だいたいどこも五代になるということかもしれません。

その朝倉の初代は孝景です。この家は面白いことに同じ名前をよく使うので、朝倉孝景が2人くらいいます。そのため特に初代を指す場合は、もうひとつの名前だった朝倉敏景と言うと、間違いがない。その敏景が「朝倉敏景17カ条」と呼ばれるものを残しています。それを読むと、さすが朝倉敏景は主君を追い落として、自分の実力で越前の国を奪っただけのこともあり、なかなか合理的な思考の持ち主だということがわかります。

たとえば、わが朝倉家では重い立場の人間だからと、息子がそのまま重い立場に就くことができると思うなとか。これはよく軍師だとか、軍配者だとか、そういうよくわからない存在について書いていらっしゃる時代小説家の先生方に聞かせてあげたいのですが、戦いのときには占いで作戦を決めるようなことはするな、と書いてある。こちらの方角に攻めると勝つとか、いつ出陣すると勝てるとか、そんなものは迷信だ。戦うとなれば、とっとと戦わないと勝てる合戦に勝てず、落とせる城も落とせない、と言っています。逆に言うと、そうした悠長な戦いが、この時代にまだあったことがわかるのですけれど。

ともかく朝倉敏景は合理的な精神を持っていた。ところが、その「朝倉敏景17カ条」の中に、「内政については他国の者をなるべく使うな」という言葉が出てくる。越前国は越前の人間で運営していくべきであって、ほかの国の人間は信用するな、内政に関しては特に信用するなということを言っているのです。

現代の僕らは、日本というまとまりの中で暮らし、否応無しに「自分たちは日本人だ」という意識を持っている。しかしどうも当時の人たちは、日本というまとまりを意識していない。むしろ「俺たちは越前人だ」とか、それから隣の越後人だとか、当時の国、今で言えば県ぐらいのまとまりの中で生きていた。

たとえば越前、福井県の朝倉にしてみると、攻めてくるのはとなりの加賀国、石川県の勢力です。そこで越前と加賀の「他国」の農民同士が手を結び、悪い領主をやっつけようという図式にはならない。そうしたケースがあるのは一向一揆のときぐらい。それも極々たまに。

基本的には国単位なのです。

たとえば毛利元就も、中国地方をほとんど支配するような立場になっても、安芸国にこだわっていた。彼は三人の息子たちに、「わが毛利家は今や『毛利さま、毛利さま』とみなから奉られるような立場になったが、本当の意味で毛利家のことを考えている人物など安芸国にもひとりもいない」と言っていた。もし考えている人がいるとすると「本国」の安芸だが、そこにさえいないんだぞ、と言っている。とらえかたの核はやはり安芸国です。

基本は国。自分の国の人が仲間。ほかの国の人は、仲間ではない。だから、国の重要なことを決める内政については、他国の人は使わない。朝倉敏景の方針は、リーズナブルであると言えばリーズナブルなのです。

たしかに、ほかの戦国大名の人材登用を見ても、基本はやはり世襲で、他国の人間は使わないのが普通。武田信玄や上杉謙信も登用してはいますが、それでもそこまで積極的には行われているものではない、というのが正しいでしょう。

なぜ信長は裏切られ続けたのか

その背景からすると、やはり織田信長は異常でした。農民身分の秀吉を抜擢したり、前歴ではなにをやっていたのかわからない滝川一益を起用したり。そうした登用を平気でやる。そして登用する基準はどこにあるかと言えば、才能です。才能があれば使った。僕らからすると当然かもしれませんが、当時はそれがまったく当然ではなかったのです。

光秀も、織田家に転がり込む前は、なにをやっていたかよくわからない人物。もともと美濃国の人であったことは恐らく間違いなく、それまで培ってきた人脈やコネを総動員して、信長の元に足利義昭を連れてきた。そうして信長と義昭グループの間を取り持ったのがたぶん光秀だったと思います。

そして信長はその功績一発で、光秀の能力を認めた。「よし、その話はわかった。ついてはおまえも織田で働かないか」と採用した。信長は、よほど光秀の才能を高く買っていたのでしょう。

信長は、すぐに足利義昭を連れて上洛を実行するわけですが、その後、彼は京都に、町奉行的な人間を四人置きました。ひとりは秀吉。もうひとりは安土城を造ったときに総監督に任命した丹羽長秀。さらに中川重政。そして光秀。この四人のうち、中川重政以外は、みんなその後、織田家の五本の指に入る、織田家ファイブの武将になっています。つまり、それだけ京都の町奉行というポジションを重要と考え、優秀と見た人をそこに起用していた。光秀もそのひとりだったわけですが、ついこの間やってきたばかりの男を重要な立場に起用したのですから、信長はよほど高く光秀の能力を評価していたのでしょう。それは当時としては相当、びっくりするような話でした。

その後、信長は有名な比叡山の焼き討ちを行いますが、その際、光秀はもっとも張り切っていたらしい。その功績で坂本城をもらい、城主となった。城持ち大名のようなかたちで、城を与えられたのは織田家で彼が初めて。歴代の家来ではなく、どこの馬の骨かわからない光秀が坂本城をもらった。やはり信長という人は、人間を才能一本で見ていたということでしょうね。

しかしだからこそ、信長は裏切られる。たとえば越前なら越前、尾張なら尾張で、これからも世襲でいこうぜ。偉いやつは偉い、足軽は足軽という仕組みでやっていれば、安定はするわけです。びっくりするような人事は行われないかわりに、そこでは波風も立たない。

ですが、抜擢人事が生じるようになると「よし、俺も次は頑張るぞ」とはりきる人が出てくる。その一方で、やはりねたみ、そねみも出てくるわけです。それこそ「あいつ、上様に気に入られやがって」と、枕営業を疑うようなことも出てくるかもしれない。

だから信長の人生は、裏切りというか、裏切られの連続でした。光秀だけではありません。

才能での抜擢をしたことと引き換えに、彼はやたらと裏切られている。

そもそも美人の妹を嫁に出した浅井長政に裏切られています。さらに「主君殺し」の風評があった松永久秀にも、やっぱり裏切られている。しかも松永久秀は、武田信玄が攻めくるというときに一度裏切り、それを許してやったのに、また裏切っている。そして荒木村重。彼もどこの馬の骨かわからない男だったのを、摂津国の国持ち大名に抜擢したのに、それでも裏切られた。

村重の場合、中国地方、対毛利方面軍司令官に自分が任命されると思っていたのに、秀吉が任命されたという、いかにもな理由で裏切っています。こうしたケースは、世襲社会であれば絶対にあり得ない。村重は、才能を武器にして世に出てきた人だけに、やはり自分の能力に猛烈な自信もあり、その評価にもこだわりが強かったのでしょう。

こうしたことを踏まえていくと、光秀の裏切りは、別に驚くようなことではない。信長は、裏切られるのです。もともと裏切られ続けていて、ついに最後に光秀がやってしまった。そういうことなのです。

油断していなくともきっと殺されていた信長

光秀の裏切りについて、「信長は油断していた」とよく言われます。それについてはどうでしょうか。油断するもなにも、光秀は近畿方面軍の司令官です。言わば、信長の「親衛隊」の隊長。その隊長に対して油断しないためには、「親衛隊に対する親衛隊」を配備しなければならない。それすら信用しないとすると、さらにもうひとつ親衛隊を配備して……となります。でもそれは無理ですよね。たとえ親兄弟を置いても、裏切るかもしれないですから。

だから信頼している親衛隊の隊長に裏切られたら、これは信長に限らず、もうどうにもならない。親衛隊の隊長に、能力はあれども、どこの馬の骨かわからない人を立てたことが、信長の運の尽きと言えば、もちろんそうですが、そこはコインの表と裏。

先鋭的に才能を抜擢していったからこそ、あれだけ大きな領土を手早く手に入れることができた。その結果、明智光秀に裏切られて殺されてしまったわけですが、もし信長も代々の地元の家来ばかりで固めていたら、尾張の王様として地元防衛にがんばる大名で終わっていたことでしょう。成功と失敗も同じコインの表と裏なのです。

だからもし光秀にやられなくとも、信長はどこかで殺される運命の人だったのかもしれません。「本能寺の変」では、弟の織田有楽斎《うらくさい》は逃げ延びています。信長も、もし地下にもぐったりして生き延びていたら、などと考えますが、結局それでも殺されていたと思います。時代を変革していく人がやることは、なかなか周囲に理解されません。それが信長の運命の本質でした。本能寺で最期を迎えたときも「言わんこっちゃない」「いつかこうなると思っていた」と、敵どころか味方までも内心で感じていて、「こんなことが起きるなんて……」とは思わなかったのではないでしょうか。

豊臣秀吉の失敗　その一

秀吉の最大の失敗は家康を放置したことにある

秀吉はなぜ生前に徳川家康を潰さなかったのか。これもその理由が本当にわからない、日本史上の問題のひとつ。

秀吉は身をもって、もっとも「戦国のリアル」をよく知っていたはず。彼自身、実力でのし上がってきた人物だし、そして彼こそが、主君の信長亡きあとの織田家から天下を奪ったその人でした。

しかも、あくまで宣教師の評価ですが、信長に近い才能の持ち主と言われた三男の織田信孝を死へと追いやっている。直接手を下したわけではないにしろ、主君の子どもでさえ殺してしまうことになんら抵抗もないのが秀吉なのです。

しかも彼は信長の娘や姪を側室にした。そうしたところにも人間の本質が現れる。とことん主君に対して忠実で、殿のお嬢様をいつまでも守り抜き「姫がお似合いの若殿に嫁がれて、じいは幸せでございます」と泣く忠臣もいるわけです。しかし秀吉はまったくそうではない。人間はふたつのタイプに分けられると思います。今の自分の立場を、天から与えられたものだと思って納得し、しっかり守るタイプと、こんなものはいつか壊してやると考えるタイプ。秀吉はどう考えても後者です。

その彼だからこそ、このまま徳川家康を残しておくと、自分が死んだあとにどうなるか、はっきり見えていたと思うのです。

秀吉の晩年、豊臣を支える大名たちの顔ぶれを見まわすと、彼が起用した大名として加藤清正や福島正則らがいる。もちろん石田三成も。彼らはきっと今後も豊臣に忠節を尽くすだろう。一方、やや扱いが難しいのは信長の時代には同僚だった大名です。江戸時代で言えば外様にあたる家ですが、まあこれもなんとかなる。

問題なのはもともと信長と同盟を結んでいた相手や敵だった大名。家康や毛利や上杉がそれにあたりますが、彼らは秀吉より、もとは格上でした。

ただし毛利は当主が凡庸なので大丈夫そう。上杉も豊臣の天下を奪うほどの器ではないだろう。しかし徳川家康は危険だ、とは思わなかったのでしょうか。

「俺自身、織田家の天下を奪った。家康もまた、豊臣の天下を奪うことになんの躊躇もしないだろう」

周囲を見渡せば、秀吉が亡くなった後、家康に対抗できる武将などどう見てもいない。秀吉もそれに気づいていたはず。だからこそ、朝鮮出兵をするぐらいなら、総力をあげて家康を潰しておくべきだった。僕はそこが不思議で仕方がない。

秀吉がぐずぐずと決断できない男なら話は別。しかし彼はやる男です。

たとえば蒲生氏郷《がもううじさと》。この人は非常に優秀な武将で、秀吉は彼を東北地方の支配を固めるために使い、伊達政宗から奪った会津を与えました。そして、これはのちに述べますが、秀吉の予想どおり、伊達政宗は大人しくせず、裏でこそこそ陰謀を企てて動いた。しかし優秀な蒲生氏郷はその動きを見事に完封し、退けます。秀吉は「俺が見込んだとおりだ」ということで、氏郷に92万石という大きな領地を与えています。それで「これからも頼むぞ」と思っていた矢先、氏郷はがんになって40歳で亡くなる。

後継ぎの秀行は、まだ10歳ちょっとの子どもでした。そのため秀吉は大いに貢献してくれた武将の息子にもかかわらず、「奥羽はまだ平定されていないのに、こんな子どもに大きな領地を任せられるか」と、たった2万石までに削ろうとした。

決断しようとした際、石田三成らが「そういうことをやれば、大名たちは安心して従えなくなります。思い直してください」と諫め、一時は納得したようだったのですが、結局、宇都宮18万石に削ってしまいました。

その前にも、「次の天下人はおまえだ」と、ずっと自分の後押しをしてくれた丹羽長秀《にわながひで》が亡くなった際、丹羽家の領地を取り上げています。

もともと長秀本人には、柴田勝家の旧領である越前をまるごとあげていました。よく「秀吉が長秀に100万石を与えた」と聞くのですが、実際の越前は50万石。周辺に領地を足したのかもしれないけれど、詳しいことはよくわかりません。

いずれにせよ、織田家の宿老だった長秀に「お疲れ様です、先輩」ということで大きな領地をあげた。ところが長秀が亡くなり、息子の長重が残されると「子どもに100万石は多い」と領地は取り上げ、さらに「丹羽家にいても石高が減るだけだぞ」とばかりに家来たちまで奪ってしまう。

たとえばこのとき、上田宗箇という有名な武辺者もヘッドハンティングしています。上田宗箇はただの槍働きの男ではなく、のちには作庭家としても名を成しました。お茶の道にも通じており、その流儀は今でも宗箇流として伝わっています。秀吉の旗本になって、2万石ぐらいもらっていたのですが、関ヶ原のときに西軍についたために、すべて没収。その後、広島の浅野家に仕えて、1万数千石もらっています。算術の天才として五奉行のひとりとなった長束正家も丹羽家から奪った人材です。

そんな秀吉が、家康を放置してしまったのはなぜなのか？

家康を放置した理由「西高東低」

まず考えられる説は、やはり「西高東低」という日本の大原則です。

失礼な言い方ですが、当時の関東はあくまで僻地。さらに東北は大僻地。その状況からすれば、家康を関東の僻地に追いやったことは明らかな左遷人事で、「それでもうよし」としたのかもしれない。

しかし、それでも僕は考えてしまう。秀吉と敵対していた当時、家康が東海地方に持っていた領地は三河、遠江、駿河、甲斐、信濃の5カ国で、合わせて130万か140万石程度。それが関東に移されて250万石になり、大幅アップを遂げます。なにも潜在的な敵対勢力に対し、そこまでのプレゼントをすることはなかったのではないか。

繰り返し言うようですが、関東は僻地です。僻地の250万石ですから、左遷は左遷なのですが、家康はそれを「領地は増えたわけだから、きちんと運営すれば俺の地力も増すよね」と逆手にとった。

であれば、秀吉としては、もう一度「小田原征伐」をやればよかった。少なくとも朝鮮に出兵している場合ではなかったはず。

よく物語的な解釈では「家康が律儀者の仮面をかぶり続けた」などと言われますが、人の心を見抜くことにかけて天才の秀吉が、家康の狙いに気づかないでしょうか？　僕らでさえも「潰しておかないと」と思うのに、自分の天下を狙われている当の本人が気づかない、なんてことがあるのか。

家康を放置した理由「諦め」

もうひとつの仮説として、秀吉はいろいろと諦めていたのかもしれません。

まだ小さな息子の秀頼が、天下人の座からすべり落ちるのは、仕方がない。しかし秀吉が、信長の嫡流の孫である三法師《さんぼうし》（織田秀信）に岐阜20万石を与えて一応は存続させたように、秀頼も捨扶持を与えて活かしてほしい。頼む、頼むという心境だったのかもしれない。

さらにうがって考えると、実の息子ではなかったとも言われる秀頼に対し、「天下は家康に取られても仕方ない。家さえ続いてくれれば」と考えていた、という想像も……。

武士の場合、鎌倉時代の昔から、その執着は生物的な「血の繋がり」にはなく、あくまで「家」にあるのです。家さえ繁栄してくれれば、子は養子でも関係ない。

そして豊臣家は、秀吉一代で成り上がった家です。であればその存続にそこまで執着はない。小さくても続いてくれさえすればいい。頼む、内府頼む。天下はあなたに譲るから、どうにか秀頼を生かして、家を存続させてほしい、ということだったのかもしれません。

秀吉がそう考えていたなら、僕個人は納得できます。ましてや、秀頼が自分の実子ではないと認識していたとすれば。

なお、家康と同盟を組んで秀吉と敵対した織田信雄《のぶかつ》の場合、もともと伊勢、尾張、美濃を持っていた。それを秀吉が徳川旧領へと移るよう命令した際、「織田家の領地を奪う気か」と拒否。それにより改易されてしまっています。

家康も、関東移転を拒否してくれていたら、それを口実に取り潰すことができたのかもしれない。しかしやはり、家康は上手でした。領地が増えればそれでいいと考え、「はい、よろこんで」と従って見せたのは、やはり並の武将にできることではない。

なにより家康は、土木工事が好きなのです。藤堂高虎と気が合うのはそこでしょう。土木が好きと言っても、加藤清正のように築城が趣味で、石垣をきれいに築いたり、見事な天守閣を作ったりすることに注力するタイプもいますが、あくまで家康が好んだのは実用的なもの。だからこそ、家康の築いた城は大きいばかりで美意識のかけらもないのですが、そのかわり土木事業にはがんばります。そんな家康にしてみれば、未開の地の関東に行くのは、やりがいもあったかもしれません。

秀吉にしてみれば、家康を攻める口実を失い、つい先のばしにしているうちに、自分の寿命が尽きてしまったのでしょうか。

せめて朝鮮出兵のときに家康も出陣させて、消耗させるべきだったと思いますが、それすらやっていない。いったい秀吉はなにを考えていたのだろうか。僕には秀吉の本質がいまだにわかっていません。

豊臣秀吉の失敗　その二

なぜ無謀過ぎる朝鮮出兵をしたのか

これもまた難問題。秀吉はいったいなにを考えて朝鮮まで出兵したのでしょうか。

昔から言われてきた説として、まずあげられるのが名誉欲。日本のすべてを手に入れてしまった秀吉は、言ってしまえば「思い上がっていた」。権力を手にした秀吉が、それに酔ってしまい、日本を征服した自分の力をもってすれば中国でも支配できると考えた。そして実際に大陸を目指す。

もともと、朝鮮を自分のものにしようと考えていたわけではありません。本来の目的は中国大陸です。中国を手に入れて天皇を移すと、そこまで考えていたのですね。もはや妄想に近いような構想ですが、それくらい思い上がっていた、という解釈です。

そしてもうひとつ、これも昔からよく言われる説として「土地が足りなくなっていた」というもの。日本全国を攻め取ってしまった結果、家来たちに配分する土地がなくなった秀吉は、家来たちの期待に応えるために、新しい土地の獲得を目指したという説。

最初の「思い上がり説」ですが、果たして人間は、そこまで思い上がるものでしょうか。本当に秀吉は「日本を全部平定した俺なら、中国大陸も取れる」と考えていたのか。

しかし「豊臣秀吉の失敗　その一」で述べたように、結局、秀吉は家康を潰せなかった。そもそも潰す以前に、家康を家来にすることだけでも相当に苦労しているのです。

豊臣秀吉陣営と織田信雄・徳川家康陣営がぶつかった「小牧・長久手の戦い」の当時、もし総力をあげて戦えば、秀吉は家康に勝つことができただろうと思います。しかし彼の立場も繊細なバランスの上に成り立っていた。秀吉にしてみれば「ここでひとつ下手を打ったら、今は一応、俺に従っている連中まで牙をむくに違いない。なるべく早く家康と手打ちをしよう」と考えていたはず。

実際に早々と講和した秀吉が、家康を服従させるために目をつけたのが天皇の権威でした。それまでの秀吉は、もともと天皇や官職にまったく興味がなかった。しかし家康と講和するために、これは使えると目をつけたわけです。

すると秀吉は、朝廷の伝統をことごとく破り、官職をもの凄いスピードで獲得し始めます。本来、朝廷には朝廷なりの官職を与える手順がある。これはつまり日本の学校教育として、小学校の次に中学校があり、さらにそこから高校、大学といった段階があるようなもの。

そこで秀吉は、朝廷の記録を改ざんするという荒技に出ます。朝廷には、昔から「何年に誰々がどういう官職に就いた」という『公卿補任』という史料、つまり朝廷の職員録があります。それを秀吉は改ざんし、前歴を詐称して、圧倒的な速度で太政大臣関白まで成り上がった。天皇の権威を利用して、ようやく家康を屈服させることができたのです。言い換えれば、家康たった一人を屈服させるためにそこまで苦労した。その大変さを秀吉もよくわかっていた。もちろん家康以外、たとえば長宗我部を倒した際も、島津を討った際も、それなりに苦労している。平定、征服というものが、それほど簡単ではないことぐらい、秀吉もわかっていたと思います。

その秀吉が、自らの名誉欲のためだけで、中国にまで手を伸ばそうとするものでしょうか。あれほど慎重だった秀吉が。僕には、そこがわからない。豊臣秀吉の影武者が存在し、どこかで入れ替わっていたのなら、まだしも納得できるのですが。

次々に生まれる疑問

たとえばの話ですが、世界地図をまだ見ていなかった、ということはあるでしょうか。中国を、それこそ日本の四国くらいに考えていたのなら「よし、じゃあ行こうか」という話にもなる。しかし宣教師が持ってきた地図ぐらいは見ているでしょうし、いかに中国が広大かも、いくらなんでも知っていたはず。

実際のところ、秀吉は「中国は皇帝と官僚が治めている国。つまり基本的に貴族、長袖の連中しかいない」と理解していたようです。それも間違いではないのですが「つまり武力は弱い」という感覚でいたらしい。だとしても、中国の国土はとんでもなく広い。征服するのは決して簡単ではないと、それはわかっていたでしょう。

だから名誉欲に駆られ、思い上がって、朝鮮、中国の迷惑も顧みずに兵を送ったという説明はどうだろうと思うわけです。

もうひとつ、家来に与える土地を獲得するため海外へ出兵した、という説もよく耳にします。こちらはこちらで、秀吉という人が、果たしてそこまで家来思いだったとも思えないのです。

確かに家来にきちんと恩賞を与えないと、豊臣政権が安定しないという事情はあったのかもしれない。しかしそれを言うのであれば、繰り返しとなりますが、総力を挙げて家康を潰したほうが、よほど豊臣政権は安定したし一石二鳥ではなかったのか。

しかも日本の武士に、言葉も通じない土地を征服して支配するノウハウはありません。海の向こうの土地を与えられても、実際にどう治めたらいいのか。甲子園初出場の高校は多くの場合、一回戦で負けてしまいますが、それは実力と言うより、常連校に比べて甲子園で戦うノウハウが蓄積されていないためではないでしょうか。

これがたとえば中国の異民族、モンゴルや満州族のような北方の異民族が中国を支配するのであれば、歴史の中で蓄積してきたノウハウを持っています。しかしノウハウどころか外国と戦った経験さえない自分たちが、海の向こうの土地を征服して、支配していく。現実として秀吉がそれを構想していたとは到底思えないのです。

引くべき時にはちゃんと引く

結論。では秀吉はなぜ朝鮮出兵をしたのでしょうか？

それは、東シナ海の貿易の権益を握ろうとしていたのではないか。これは東北大学名誉教授の平川新先生が出された解釈なのですが、僕はこちらが今のところ、一番納得できる説だと思います。

当時はいわゆる大航海時代。ヨーロッパ諸国の船が東シナ海まで来て、貿易を行っていた。その貿易の主導権を握りたい。そうした織田信長以来の思惑が秀吉にもあったのではないでしょうか。

傍証的なことを言うと、秀吉はもともと土地よりも、経済を重視するタイプでした。たとえば徳川に与えた領地は250万石。しかし豊臣は220万石しか持っていない。その代わり秀吉は、日本全国の港や金山、銀山を持っていた。秀吉は金の重要性をわかっていたのです。言ってみれば、かつて明との貿易を行った室町幕府的な感覚を持ち合わせていました。

そういう面から考えると、当時の南蛮貿易、ヨーロッパとの交易に秀吉は目を向けていたのではないでしょうか。その貿易の主導権を取りたい。しかし入口で外国との交渉を間違えてしまい、結果として出兵することになった。そういうことだったのではないでしょうか。

玄界灘を渡った日本軍は、ふいを突いたので、まあ当たり前といえば当たり前かもしれませんが、半島の北まで快進撃を続けます。ところがそこで明の援軍がやってきた。まあでも、長袖の国の兵だし弱いだろう、などと思っていたら、彼らは荒くれものの異民族とのバトルを経験してきた軍隊。とても強かった。

日本軍も簡単には勝てなくなり、勝ったり負けたりの膠着状態に陥る。加えて朝鮮の民衆たちも立ち上がり、補給線が維持できなくなってきた。そうなると、これはもう泥沼の戦いになる。知らない土地を征服するノウハウがまったくない状態で始めた戦いですから、そうしたところで準備のなさが出てしまった。

九州や関東を平定するのとはわけが違う。そうした状況を考えないまま開戦したのは秀吉の完全な失敗です。そもそも秀吉は「この戦争はなんのために戦うのか」という目的を、きちんと掲げることができていなかった。海を渡った諸将たちも「いったいなにをすればいいんだろう」という心境だったはず。

昔の秀吉なら「これはうまく行かない、引くべきだ」と考えた時点で、早々に手を引くことができたと思います。しかしやはり、秀吉も権力者としてかなり思い上がっていたのか「なんだ。俺に逆らうのか」といった感じで引けなくなっていた。明と講和を結んだときも「なにかおいしいことがあるだろう」と思っていたら、明のほうから言ってきたのは「汝を日本国王に任命する」。そんなことは当たり前だと激怒し、再び出兵してしまう。もはや昔の秀吉とまるで別人になってしまった。そう感じます。

結局、朝鮮出兵について、まだ定説はない状況が続いています。研究も行われているのですが、現代では繊細な政治問題も関わってくる。なかなか難しいのが現状です。

豊臣秀吉の失敗　その三

大名にとっての最大の重要事とは家の存続である

朝鮮出兵の時点で別人のようになっていた秀吉ですが、一時は後継者に据えていた豊臣秀次を、彼の一族まとめて殺しています。このことは本当に愚かだったとしか言いようがない。

中国の歴史などであれば一族まるごと滅ぼしてしまう事例はたくさんあるのですが、まさに権力者の悪い一面が出たということだと思います。そこまでする必要はなかった。

豊臣の血を引いていたのは、秀吉の姉の子である秀次だけ。研究者の中には「だからこそ秀次を殺したいはずはなかった」と主張する人もいます。しかしそれは違う。先述しましたが、大事なのはDNAでの繋がりでなく、あくまで家です。家の存続が一番大事。

その意味で、高齢になっていた秀吉に、秀頼という新たな後継者が生まれました。これは、秀頼が本当に自分の息子であるかどうかは関係なく、秀吉が「家」の後継者に定めたからには、それでもう後継者なのです。その子に権力を移譲すると決めた以上、秀次はむしろ邪魔でしかない。

そこで将来の禍根を絶つために、秀次とその子や側室など一族まとめて皆殺しにしてしまった。むごたらしいことですが、後継ぎにすべてを譲りたい権力者としては、いかにもやりそうなことではあります。しかしこの場合、やはり愚策としか言えません。なぜならば、秀次を滅ぼした結果、豊臣の血を引く人が秀頼だけになってしまったからです。

次にどういう時代がくるのか、ということが見えていない。徳川家康という存在を見据えた判断が、当時の秀吉にはできなかったのでしょうか。

なお秀吉は、秀次の一族だけではなく、彼の近いところにいた秀次派の大名たちまで粛清しています。秀次と関係が深かった大名たちは、お金を借りていた人も含めて真っ青になった。たとえば木村重成の父親、淀城で10万石をもらっていた木村常陸介という人も、このときに切腹を申しつけられています。

民心を失うようなことをしてはいけない

ではもし、秀次と彼を支える秀次派の大名が存続していたら、徳川家康の野望の前に立ちはだかることができたかと言えば、それはそれとして、秀次ごときでは家康の敵ではなかったでしょう。ただ逆に、秀次が秀頼の陣営にいてデメリットになることもなかった。

すでに秀次が関白になっていたことを重視する人がよくいます。しかし、あくまで権力者は秀吉。その秀吉が大殿、太閤殿下として、秀次を関白に据えただけの話で、彼にはなんの力もなかった。

秀吉にしてみると、秀頼にとって邪魔だというだけで、虫を一匹、ひねり潰すぐらいのことでしかなかったのだと思います。そういう意味で言うと、残酷な事件ではあったが、大きな事件ではない。しかし世の人たちからすると、秀吉はむごいと強く感じたことでしょう。いわゆる民心が豊臣政権から離れてしまった。プラスはひとつもない。間違いなくマイナスでしかない。そうした事件でした。

たびたび記してきましたが、このころの秀吉がなにを考えていて、なにをやりたかったのか、僕にはよくわかりません。天下を取った後は、誰が本当の敵なのか、すっかり見えなくなっていたとしか思えない。

一方で家康の場合は、死ぬまで家康であり続けた。秀吉の場合、死ぬ前はもう「本当にこの人は同一人物ですか」という状況であって、「天下人」としては失敗だらけの人となってしまいました。

第六章　関ヶ原の失敗

石田三成の失敗

戦争と人間をわかっていなかった三成

この点は異論もあるのですが、結局、石田三成という人は戦争をわかっていなかった。それに尽きます。加えて、人間というものもわかっていなかった。

三成も「賤《しず》ケ岳《がたけ》の戦い」のときは、自ら槍を持って敵と戦っていた。しかし戦場では、彼の本領を発揮することができない。秀吉もそれはよくわかっていて、三成をデスクワークで重用したわけです。

「机上の空論」という言葉がありますが、机上の仕事も大切です。ただその一方で、どんな資料を見ても「三成は人間的に大きな人だった」という話は出てこない。やはり人間的な魅力はなかったし、だからこそ同僚たちからも認められなかったのではないか。

そこを考えると「人間力を磨くことをしなかった」ことが、彼の失敗だったと言えるかもしれません。僕も人のことは言えないのですが。

三成が極めて優秀だったことは間違いない。しかし優秀さだけでは人間はついてこないのです。逆に、特段なにもできないのに愛される人もいますが、三成はそうした人間社会の機微がわかっていなかった。

そうした点で三成は、源頼朝の腹心だった梶原景時とよく似ていると思います。三成は、秀吉のことを一番よく理解し、その考えに非常に忠実だった。景時もまた頼朝の考えをもっともよく理解し、忠実だったと思います。両者ともそれぞれ、信頼される部下だったことでしょう。そこは間違いない。

しかしそうしたタイプの人は結局、頼朝だとか秀吉だとか、要するに虎の威を借る狐であって、虎が死んでしまうとどうにもならない。頼朝亡きあと、梶原景時もあっという間に失脚し、みんなから石をぶつけられるようにして死んでしまう。

本音ではやはりみんな、ボスに対して不満があるわけですよ。頼朝に対して不満があるし、秀吉にも不満がある。しかし頼朝や秀吉に直接文句は言えないわけです。そうなると不満を溜め込む相手は、彼らに忠実な梶原景時や石田三成になる。そして、溜め込んだものがボス亡きあとに爆発してしまう。

ただし三成の場合、梶原景時とは違って失脚しても命までは奪われず、隠居ということで済みました。それで関ヶ原で、もう一度表舞台に出てきたわけです。

しかし「人間がよくわかっていない」という欠点はそのままだった。それに彼は、ピンチにも弱い。これも僕自身、痛感していますが、ピンチのときにどこまで耐えることができるかで、人はその価値を計られるところがある。ピンチとは、マイナスになることが避けられない事態を意味します。そこでマイナスを最小限に食い止めて、反撃にでることができるかどうか。三成は、それがまったくできなかった。そこは完全主義者の欠点なのかもしれません。計画が少しでもうまく行かないと、それでパニックになってしまう。

たぶん関ヶ原に布陣したときの三成は「俺はやるべきことを完璧にやった。だから偉い」という心理があったと思います。しかし現実は、机上の計画のようには進まない。

そして実際、関ヶ原では三成にとって大きな計算違いが起こってしまいます。

関ヶ原で起こった計算違い

まず起こった計算違いとして、大津城で京極高次が突如東軍に寝返りました。三成はそれに「絶対許さん」ということで、立花宗茂、小早川秀包《こばやかわひでかね》という西軍最強の精鋭部隊を送りこんでしまう。

しかし京極高次は6万石の大名に過ぎません。動員能力はどうがんばっても2000人ほど。言ってしまえば雑魚。それに大津城とは、ただ京都に近いというだけの城。それが寝返ったからといって、なにほどのこともない。手当てする程度の部隊を送っておけばそれでよかった。

しかし完全主義者は、予想外の事態が許せないのでしょうか。あるいは気が動転してしまったのかもしれない。

立花宗茂と小早川秀包は、両方とも10万石程度の大名。それこそ2000人ぐらいの部隊ではありますが、彼らは朝鮮で戦ったときも、お互いに助け合って力戦した武将です。会社でもいますよね。それほど大きな権限は任されていないが、現場ではエースという人。

そのエースを、よりにもよって雑魚相手に派遣してしまった。そのため、ふたりとも「関ヶ原の戦い」に間に合っていません。戦う気は満々だし、戦もうまいしで、もっとも頼りになる部隊だったのに参加できなかった。その影響は相当に大きかったはずです。

もうひとつの計算違いは島津義弘の処遇です。島津義弘は関ヶ原へ1500人ほどの少ない兵隊を連れて参戦しました。

石高に比べて明らかに兵数が少ないのは、島津家の事情です。島津家の大ボスは義弘の兄の島津義久。龍伯の名でも有名ですよね。ここまでもたびたび触れてきましたが、この人は鹿児島第一主義者で、中央のことなどまるで興味がない。鹿児島には鹿児島の流儀がある。だからこそ、関ヶ原だろうが天下分け目の戦いだろうが、そもそも知ったことではないというのが基本路線。

しかし弟の義弘は「島津家の保全のためには、中央の動きにもコミットしていかなければ」と考えていたことも、これまで述べてきたとおり。ちなみに、ふたりとも関ヶ原の当時はすでにいいおじいさんになっていました。

この間の朝鮮出兵のときは兄をなだめすかして、期日には遅れながらもなんとか1万人の軍勢を用意できた。しかし関ヶ原のときは、国元で伊集院一族が反乱を起こしていました。

そのため「今、鹿児島を留守にすることはできない」という兄義久の理屈が通り、わずかな数の兵しか戦場に連れてこられなかった。もし島津が1万の兵を送り、その軍勢が関ヶ原で暴れ回っていたら、戦局はどうなっていたことでしょうか。

不相応すぎることをやると人はしくじる

しかし1500人しかいなくとも、戦闘民族である島津家の兵。起爆剤としては十分活用できたはずです。当時の戦争は、兵の大半は農民兵。基本的には戦意は高くありません。だからこそ、まず先陣を切って突入することのできる部隊がとても重要です。

そうした部隊が突入して「これは勝てるぞ」という空気が生まれて、農民兵たちも突撃できるようになる。しかし先陣が弱いと、途端に劣勢という空気が波及してしまいます。そして、もともと戦意が高くない人たちは腰が引けてしまい、その離脱を押さえることもできなくなってしまう。

だから戦闘の口火をきる、起爆剤となる戦力は大事。その意味で言えば、島津の兵は数が少なくとも戦意が高いし強いので、とても頼りになります。起用の仕方によっては十分に活きたと思うのですが、関ヶ原ではまったく動かなかった。

これはどう考えても三成のやりかたや扱いに不満があったとしか思えない。よく言われるのは、義弘が「夜襲をかけよう」と提案したところ、三成に「夜襲などは田舎者のやること。ここは正々堂々の戦いで行くべきだ」と否決されたという話です。

こうしたやり取りは、昔からいろいろなところで見られます。古くは1156年の「保元の乱」のときに、源鎮西《ちんぜい》八郎為朝の父、源為義が「我がほうは兵が少ないし、夜襲をかけましょう」と提案したところ、藤原頼長が「それは田舎者のすることだ」と却下。為義はその時点でこれは負けると思った、という話がすでにありますので、義弘の話もどこまで本当かはわかりません。

しかし少なくとも、島津義弘が気持ちよく「よし、戦うぞ!」と思うことができない状況にいたことは確かで、その原因は、おそらく三成にあったはず。それを踏まえても、三成はやはり大将の器ではないという感じがします。

三成もかつては自ら戦場に出ていたし、その後も補給部隊を担当してきましたから、まったく戦争を知らないわけではありません。補給、ロジスティクスは戦争の重大な要素で、太平洋戦争のときの日本軍はこれをおろそかにしたために負けたとも言われるほどで、極めて重要なパートであることは間違いない。

しかし補給部隊を率いていた三成が、大将として天下分け目の戦いの場に出てきたとき、それを乗り越えられるような経験もなければ才覚もやはりなかった。人はあまりに不相応なことをやると、得てしてしくじってしまう。そんな教訓を教えてくれます。

京極高次の失敗

名家としての京極高次

石田三成のところで述べましたが、「関ヶ原の戦い」で京極高次は東軍側に寝返りました。彼の母親は浅井長政の姉。だから淀殿たち三姉妹は彼の従姉妹にあたります。そして彼は三姉妹の真ん中のお初さんと結婚した。姉が淀殿で、一番下が秀忠の奥さんになったお江《ごう》さんです。

高次の家は鎌倉時代から続いてきた佐々木家がもとになっており、「近江と言えば佐々木」と天下に聞こえる大変な名家でした。それが室町時代にふたつに分かれて、六角と京極になった。ただし、彼の代になったときは、もうぼろぼろに落ちぶれていました。

高次には京極竜子さんという妹がいます。姉という説もあるのですが、年齢がわからないのでここでは一応、妹とします。彼女はべらぼうな美人で、若狭の武田のところに嫁にいきました。武田も守護大名系の名門でしたが滅びてしまう。滅びたのち、美人に目がない秀吉が彼女を側室にしてしまった。それで竜子さんは松の丸殿と呼ばれるようになります。

つまり淀殿と松の丸殿は従姉妹同士にあたるわけですが、このふたりが秀吉の寵愛を二分したと言われています。小田原城攻めのときに秀吉が呼び寄せたのもこのふたり。北政所ではなく、若いふたりを呼び寄せたわけで、秀吉らしいと言えば、らしいですね。

有名な話があって、死ぬ間際に「醍醐の花見」を行った秀吉が盃を取らせるということで、最初に出てきた女性が北政所。これは妥当ですね。ではその次は、というときに、淀殿と松の丸殿のふたりが出てきて「私が」「私が」とけんかした。それを前田利家の奥さんのお松さんが間に入ってとりなした、という逸話が伝わっています。

しかしそれは、真剣に寵愛を争ってのことではなく、たぶん宴席の座興として、ふざけてじゃれ合っていたのだと思います。ふたりは従姉妹同士ですし、秀吉はもうしわくちゃのじいさん。そんな真剣に寵愛を巡って争うようなことはなかったのではないでしょうか。

ただ驚くのは、淀殿はその時点で後継ぎの秀頼を産んでいたということ。冗談でもその人と張り合えたということは、秀吉の寵愛は松の丸殿のほうが深かったのではないか、などと思う次第であります。ただ、僕のようにモテない男にはこうした機微はよくわかりません。いやでも、よく考えると秀吉も、もともとモテない男。そうした彼が権力を持つとどう振る舞うか、それを考えるのは僕が適任かもしれません。

なぜ高次は西軍を裏切ったのか

それはともかく、奥さんが淀殿の妹で、自分の妹が側室になっていた京極高次は、秀吉から大津に6万石の領地をもらいました。この辺は秀吉のうまいところで、愛している女の血縁者だからといって、そこまで大きな領地を与えるわけにはいかない。しかし大津は京都のすぐそばで、言わば一等地。原野に100坪と銀座の10坪であれば、銀座のほうがいいでしょう？　だから6万石でも悪くはない処遇なのです。

そのため高次は「あいつは妹の尻の光で大名になった、蛍大名だ」と、ほかの大名たちに揶揄《やゆ》されていた。おそらく彼自身の能力もそれほど高くはなかったのではないでしょうか。それで「蛍大名」呼ばわりされたものだから、「ちくしょう、今に見ていろよ」と思うところはあったはずです。

それでいざ関ヶ原のとき、西軍が近畿地方を平定し、盛り上がっているところで、突然東軍に寝返る。もともと家康と密約があったという説もありますが、ともかく西軍から離反して大津城にこもったのです。

石田三成のところで述べましたが、天下分け目の決戦のさなかに、6万石の城ひとつ寝返ったからといって、大きな影響はない。三成もとりあえず手当の兵だけ送り、家康との決戦に戦力を集中するべきだったのですが、大津城にこもる高次に1万からなる部隊を送ります。しかもその中核は立花宗茂、小早川秀包という西軍最精鋭部隊。

さすがこのふたりの部隊は強く、城の防禦などものともせずに攻めまくる。高次にしても、まさか自分が西軍最精鋭部隊を引き受けることになるとは、計算違いだったかもしれません。高次も籠城してできるだけ時間を稼ごうと計画していたでしょうし、いざとなれば城を枕に討ち死にする覚悟もあったでしょう。しかしいざ目の前まで兵が迫ってくると、怖くなってしまったらしい。「すみません、命だけは助けてください」と降伏の使者を送ってしまった。

恐怖に打ち勝てていたならば

意外と、こうしたケースはあまりない。たとえば東軍の鳥居元忠などは、伏見城を守ってあっぱれ討ち死にを遂げています。そして普通は彼のように、主将は城と運命をともにするものなのです。

しかし、それでも助けてくれと言ってきた。「どうする?」と立花宗茂と小早川秀包は迷ったことでしょうが、高次は淀殿を通して秀頼様の血縁でもあります。淀殿の妹の夫で、血は繋がってなくとも叔父にあたる。それに今さら、高次ひとりを殺しても大勢に影響はない。そこで頭を丸めて高野山に行くことを条件に、命は助けた。実際に高次は、頭を丸めて高野山に向かいます。ところが、まさにその日が「関ヶ原の戦い」の当日だった。

高次は早まったのかもしれない。もう一日。もう一日だけ耐えきっていれば、関ヶ原での本戦は終了したわけですから、城は落ちずに済んだ。なんて愚かな、と昔から言われてきました。

なお僕は数年前まで、城を守るにしろ、降伏するにせよ、高次が生きようとも死のうとも、西軍の最精鋭部隊を関ヶ原の決戦に参加させなかった功績は変わらない。東軍のために大きな役割を果たしたことは事実なのだし、それでいいのでは、と考えてきました。

しかし家康の立場になってみれば、武将たちに与える土地には限りがあるわけです。であれば、なるべくケチりたい。そうすると、たとえ功績をあげても、評価を下げる理由がつけばそこを突く。

「もう一日、持ちこたえていたらあっぱれだった。しかし降伏したよな。その振る舞いは、武士の風上にも置けない」という話になったのではないでしょうか。

もっとも、大きな働きをしたことは事実なので、加増もしてもらい、若狭の国一国をもらっています。まあ、国主にはしてくれた。若狭は石高で言うと8万石程度。6万石から少し増えている。それに若狭も京都のすぐそばの一等地ですから、万歳かもしれない。

しかしたとえば、田中吉政という大名などは、戦後、逃亡していた石田三成を捕まえただけで、32万石という大きな領地をもらっています。

だからこそ、高次ももう一日我慢して功績にケチがつかなければ、あるいはいっそ城を枕に討ち死にしていれば、京極家が30万石をもらうことも夢ではなかったかもしれない。

ただし人である以上、目前に鬼のように強い軍勢が攻めてきたら、降伏したくなる気持ちはよくわかります。しかし結果としては、恐怖のあまり、せっかくの大チャンスを見送ってしまった。それこそが「蛍大名」と呼ばれた男、京極高次の失敗でした。

上杉景勝の失敗

120万石の領主となるも

上杉景勝は関ヶ原のときに、二重の失敗をしでかしています。失敗の理由はただひとつ、彼が大局を見極められなかったこと。

関ヶ原の時点で、彼の領地は会津でした。会津は東北の要の地であり、ここを持つ大名が東北のチャンピオン。その地を伊達政宗が取った。しかし豊臣秀吉に「もう戦争の時代は終わった。俺の家来になれ。挨拶に来い」と言われ、いろいろと渋りましたが、結局、家来になる。会津は取り上げられて、「おまえなら任せられる」ということで蒲生氏郷に与えられます。

そこからはすでに触れましたが、氏郷は見事に秀吉の期待に応え、怪しい動きを見せる伊達政宗の活動を封じる。それで92万石まで領地が増やされるも、40歳で亡くなってしまいます。後継ぎがまだ幼なかったため、秀吉は今度は会津を蒲生から取り上げます。それで、その会津にあらためて置かれたのが上杉景勝でした。

上杉は越後から国替えされるのですが、そのかわり、120万石という大きな領地を与えられた。その配置には「東北地方の抑え」という意図と、恐らく「徳川の背後を牽制する」という意味合いがあったと思います。ところが国替えののち、すぐに秀吉は亡くなってしまう。それで徳川家康の活動が活発になっていく。

当時の家康がなにを狙っていたかというと「大きな戦争」です。戦争を起こして、どさくさまぎれに豊臣の政権を奪取したい。これは秀吉が、織田の政権を奪取するときに行った方法と同じです。明智光秀を始めとして柴田勝家らと、戦争に次ぐ戦争をやる。そのうち、いつの間にか織田家の政権は秀吉のものになっていた。

だから家康も、列島規模で大きな戦いを起こしたかった。それに勝つことで豊臣政権を否定し、徳川政権を作ろうとしたのです。

秀吉亡きあと、まず起こったのは石田三成の失脚でした。秀吉という後ろ盾を失った三成は、武将たちに狙われるようになります。

正確に言えば、秀吉の没後すぐに狙われたのではなく、前田利家が亡くなった直後に狙われた。利家は「石田三成を失脚させたら豊臣政権は崩れるぞ」と、考えていました。それで「俺の目の黒いうちはがんばってもらう」と三成をかばっていたのですが、その彼も秀吉の1年後に亡くなってしまう。

もはや三成をかばう者はいません。「前田殿亡き今、三成をやれる」と加藤清正や福島正則らが立ち上がるも、仲裁に入ったのが徳川家康でした。それにより三成は佐和山に隠居。豊臣政権から離脱するというかたちでいったん話がつく。

「このとき仲裁などせず、三成を見殺しにすれば、のちの関ヶ原もなかったのでは」という話になりそうですが、そういうことではない。家康の狙いは、三成を殺す、殺さないといった小さな話ではありません。繰り返しとなりますが、国がひっくり返るような「大きな戦争」を欲していたのです。

三成を離脱させたあとの徳川家康はやりたい放題。戦争のためには相手が必要だということで、最初に目をつけたのが前田家でした。

利家の息子、利長の代になっていた前田家に「謀反の動きあり」と難癖をつけたのですが、前田はすぐさま謝ってきた。自分の母親、もう高齢になっていたお松さんですが、お松さんを人質として江戸に送りますと、文字通り土下座外交を展開しました。

よくよく考えてみれば、それはおかしい。当時はまだ豊臣政権下ですから、本来家康と利長は同僚です。同僚のところになぜ人質を出すのでしょうか。しかし利長は家康の意図をきちんと理解し、徳川に優る力が自分たちにないと理解していたからこそ、謝った。そこまでされれば家康も「謀反はなかった」と疑う姿勢を解き、お松さんは江戸に送られます。

では次に誰を狙うか。「大きな戦争」を起こすには、相手も大きくなければなりません。三成のような小物ではダメ。そこで狙われたのが上杉景勝でした。今度は彼に謀反の疑いがかけられます。

もちろん濡れ衣でしょう。しかしこの流れは前田と同様で、もう誰もが家康が理不尽なことを言っているのはわかっている。家康も、自分が無茶苦茶なことを言っているとわかっています。わかっていても、狡猾《こうかつ》な家康はそんな自分に誰がついてくるか、こないのかを見定めていたのです。

景勝の失敗「土下座できなかった」

景勝としては、家康の理不尽に耐えて、前田利長のように土下座するべきでした。しかししなかった。これがまず、ひとつめの失敗です。

もし土下座をしていたら、攻める口実を失った家康は、上杉を120万石のままで残さざるを得なかったでしょう。そして同じ120万石であれば、西に毛利がいた。何度も言いますが、日本は西高東低でしたから、西国に120万石を持っているのであれば、こっちは潰したい。しかし東国で120万石であれば、まあ許されたと思います。

だから景勝としては、家康に土下座して従う姿勢を見せるべきだったのですが、彼には「我が家は謙信公以来の武門の家柄」というプライドがある。「謀反など全然考えていません」と真っ向から反論した。その反論がいわゆる「直江状」なのですが、その内容がどこまで真実か、そもそも直江状が本物だったのかという疑問は、この際置いておきます。

ともかくも、景勝は気持ちよく「やるなら来い！　うちは武門の家だ。受けて立つ」と応えた。その際、家康は怒ったと言われていますが、おそらく腹の中では笑っていたことでしょう。「愚か者めが。これで戦争をする口実ができた」と。

さっそく家康は、上杉を攻撃するために大軍を組織しました。ここである程度、大名たちはふるいにかけられるわけです。

福島正則などは真っ先に手を挙げ、「どこまでも徳川殿について行きます」という姿勢を見せる。私も行きます、行きますと続く大名たちはいい。しかし「徳川殿はあんなことを言っているけど、本当に国元から軍勢を呼び寄せて会津まで行くべきかな」などと迷うような大名たちは要らない。

結局「はい、行きます」と即答した大名たちが、後の東軍を形成することになりました。

そして上杉攻撃のために栃木県まで北上したところで、石田三成が立つ。それで反転して大坂に向かうかを小山で評定したと言われます。この小山評定も本当にあったのか、という議論がありますが、会議があったかどうかは枝葉のこと。本質としては、どう考えても家康は、どこかで大名たちと意志の疎通を図っていたはずです。

もともと上杉征伐に同行した大名たちは、家康の言うことであれば、なにがあろうとついていくという覚悟を決めたメンバー。三成が大坂で立ったからといって、誰も脱落しなかったのは当然のことでした。

転がってきたチャンスを活かせるかどうか

結局、家康は引き返して大坂に向かうのですが、景勝がふたつめの過ちをおかしたのはここです。反転した家康の軍勢、すでに東軍と呼ぶべきかもしれませんが、その背後を突く姿勢を見せなかったのです。

かつてあの織田信長でさえ、背後を突かれることがわかるや、すべてを放り出して逃げました。それほど後ろから攻撃されるのは危険です。当時の上杉は120万石ですから、総動員すれば3万の軍勢にはなったでしょう。それで後先を考えずに攻撃に出れば、東軍にかなりの打撃を与えたと思います。

東軍も10万を超えることはなかったと思いますが、仮に9万だったとしましょう。3万の軍勢を率いていた織田信長は、浅井の2000か3000の兵による攻撃を恐れて逃げています。であれば、9万人の東軍の背後を「謙信以来の武門の家柄」の上杉3万が攻撃すれば、たまったものではなかったはず。突如転がってきた大チャンスです。

なのに、景勝は動かなかった。それでいて、変な動きに出てしまう。なにをしたかというと、「家康がまたくるかもしれないし、なにかしないと」と焦ったのかもしれませんが、領地を広げようとなぜか北へ向かい、山形の最上を攻めてしまった。大局を見る目がないのにもほどがありますよね。

そもそも関ヶ原は、徳川が勝つか、豊臣が勝つかという、日本列島規模の戦いです。徳川が勝てば、即、家康が天下人。そうなれば、そもそも最初に敵認定されていた上杉が無事に済むはずもない。それがわかっているのに、今さら局地戦をやって、少々領地を増やしてどうするの、という話です。仮に最上領を併呑《へいどん》して200万石になったとしても、日本全国を相手に戦うことなどできるはずもありません。

もし背後を攻撃する気がないのなら、あとはもうひたすら恭順し、徹底的に従う姿勢を見せればよかった。そこを無為に北に動き、戦ってしまった。

しかも、謙信公以来の武門の上杉が、2万の軍勢で最上を攻めたのに、その結果がまるでダメ。最上は山形城に籠城するのですが、その手前に長谷堂城という小さいお城があり、そこに1000の城兵が置かれていました。さて、あなたならどうしますか。

スピードを重視したならば、長谷堂城の前にとりあえず2000くらいの兵を残しておいて、本隊で山形城を攻めるという手が考えられそうです。あるいは総力をあげて、長谷堂城を一気に落としてしまう手もあるかもしれません。2万で攻撃すれば一日で落とすことができるはず。

そこで上杉は、長谷堂城を総攻撃することにしたのですが、これが落とせない。情けないことに1000しかいない長谷堂城が落とせなかったのです。

しかも長谷堂城は、現代の城郭研究者がその縄張り、平面図を見てみれば、ただの古臭い昔ながらの城。難攻不落でもなんでもなく、あの戦国時代にこんな城がまだあったんだ、というくらいの平板な城でした。でも落とせない。そこでぐずぐずやっているうちに、関ヶ原では西軍が負けてしまいます。

「このまま山形を攻撃していたら敵認定されてしまうぞ」と今さらながらに恐れ、上杉は退却します。現代で言うところのグダグダの展開ですね。

この結果、家康は120万石あった上杉の領地を4分の1の30万石まで削ります。そのうえで米沢へと国替えしました。すべてを取り上げて、家を潰さなかったのは、家康も鬼ではなかった、ということでしょうか。

上杉家ではグダグダもあったけど、生き残ることができてよかったなどと、ホッとしたかもしれませんが、ここでまた余計なことをしたのが直江兼続《なおえかねつぐ》です。30万石の身代に落ちたというのに、120万石規模の家来をリストラせずにそのまま引き連れていったのです。

最初はいいでしょう。「クビにならなくてよかった」とみんなも喜んだかもしれませんが、「痛みをともなう改革」をやらず、身分不相応な数の家来を雇用したわけですから、上杉は天下に名高い、日本一の貧乏藩になってしまいました。

兼続はその戦犯として、江戸期を通じて嫌われ者となり、彼のお墓は直してもすぐ壊されるありさまだったとか。上杉家の貧乏は長く続き、それこそ江戸後期、上杉鷹山《ようざん》の藩政改革を待つことになります。

ただし上杉家が生き残ってくれたおかげで、上杉家文書が助かりました。上杉家文書は武家文書の中で国宝第一号となった貴重な史料であり、私たち研究者としてはこれが無事だったことは本当にありがたいことでもあります。

まとめれば、上杉景勝には大局を見極める力がまったくなかったため、「いったい何度、判断を間違えるのか」と感じてしまうような人生を歩みました。しかし結果として一応生き残ることはできたので、これはこれとして、波乱の時代の生き方として正解だったのかもしれませんが。

伊達政宗の失敗

高い人気を誇る政宗だが

伊達政宗は、母に愛されなかったという境遇や、片方の目を失って〝独眼竜〟という異名で呼ばれたなど、たくさんの物語を持った人物です。しかも片倉小十郎との友情という、今で言うBL的な要素まで兼ね備えており、戦国大名の中でも高い人気を誇ります。

しかし、あらためて実像を追いかけてみれば、それはどうなのでしょうか。僕は政宗に対して「なんちゃって戦国大名」のような印象も覚えています。というのも、この人はウシガエルのように、自分を大きく見せることに長けていたから。政宗とは、高い自己PRの力に頼って戦国の世を生き残った男だったのではないか。

伊達政宗はもともと米沢で生まれました。そして家を継いだ途端、東北の中心地である会津に狙いを定めます。会津は東北地域として見ると外れに位置しているように感じますが、中央から見れば、もっとも関東に近い東北都市でした。

白河の関を越えれば東北ということになりますが、その白河や、山形でも南に位置する米沢、そして会津などがかつての東北の要所でした。そして、その中でも会津は前にも触れましたが「ここを抑えた人間が東北のチャンピオン」とも呼べる、要の地でした。だからこそ政宗も会津を狙い、軍事行動を開始します。しかし彼は意外と、戦争がうまくない。戦っても、勝ったり負けたりの繰り返し。完敗することはなくとも、スカッと勝つこともない。ある城では城兵どころか、犬や猫まで殺してしまう、という作戦をやりましたが、本当に戦争がうまい武将はそんなことはしない。

みな殺しを実行してしまうと、その土地の領民は言うことを聞かなくなります。だから下の下とも言える作戦なのですが、城があまりに落ちなかったので、イライラしたあげく、過激なことに走ったのかもしれません。

そうして、勝ったり負けたりを繰り返しながら会津を目指していたのですが、その途中で起こったのが、有名な「父親拉致事件」です。二本松城にいた畠山義継、またの名を二本松義継という武将が伊達家に降伏するふりをして、政宗の父、輝宗を拉致してしまう。

輝宗のところに挨拶に来た義継が輝宗をとらえ、二本松城まで連れて行こうとした。政宗はそれを追いかけるのですが、人質の父親を盾にしていたために手が出せない。

物語などではそこで輝宗が、自分のことなど気にせず、鉄砲を放てと言った、という話になります。しかし政宗が積極的に、父親ごと義継を撃ち殺せと命令したらしいとも言われたりする。本当のところはよくわかりませんが、結果としてこのとき、義継は輝宗もろとも殺されてしまいました。

問題はこのあとで、伊達軍は義継を討った勢いで二本松城を攻めます。義継を失った二本松城の城主はまだ子ども。一方の伊達軍は輝宗の敵討ちに燃えている。そう聞けば、簡単に落とせそうなのですが、これが落とせない。そうこうしている間に二本松に味方する大名家の連合軍がやってきて、伊達は這う這うの体で退却することになります。

しかもこの退却戦では「人取橋の戦い」（1585）という戦闘が起こり、鬼庭左月斎《おににわさげつさい》という老将が政宗を逃がすために討ち死にしてしまう。

鬼庭左月斎と奥さんとの間に生まれた娘は、政宗の姉代わりのような存在でした。なお娘が生まれた後に、左月斎と奥さんは離婚しているのですが、その奥さんが再婚した家が片倉家です。片倉家は神社の神官の家で、それから生まれたのが片倉小十郎でした。片倉小十郎は、父親違いの姉の縁で、伊達政宗の守役に就いたわけです。

その経緯はさておいて、仇討ちに出た政宗は、結局まともな城主もいない城を落とせなかったうえ、自分と非常に縁の深い武将まで失ってしまったわけです。東北随一の戦国大名という扱いの人ですが、実際はそんな戦いぶりでした。

ただし会津を治めていた蘆名《あしな》家と戦った「摺上原《すりあげはら》の戦い」（1589）では見事に勝利しています。これは認めてあげないといけません。この戦いでは、蘆名家と、そのバックについていた常陸の佐竹家の連合軍と摺上原で戦ったのですが、このとき会津磐梯山から強風が吹き、砂嵐のような状態になった。それが伊達に有利なかたちとなり、蘆名家の軍勢が視界を失っているところを突いて勝ったとも言われています。

幸運で勝ったとも言えそうですが、もっとも、これもどこまで本当かはわかりません。とにかくこのときだけはきっちり勝って、念願の会津を手に入れました。

持ち前のPR力で危機を何度も乗り切る

これでめでたしめでたし、とはもちろんなりません。速やかに戦争を止め、家来になれという豊臣秀吉からの文を持った使者がやってきました。

しかし政宗はすぐに態度を決められず、秀吉への挨拶が遅れてしまいます。そして遅れて謝りに行く際、白の死装束で秀吉のもとに行き、そのおかげで助かったとも言われています。

この話がもし本当であれば、やはり自己をPRする演出のおかげで生き延びたのは間違いない。自らの失敗を、派手なパフォーマンスで乗り切ったわけですから。

そのとき、一応秀吉からは「前途有望な若者だ」と褒められたことになっています。しかし現実として、政宗は苦労して手に入れた会津を取り上げられてしまいました。政宗は、そこまでの武将人生をすべて否定されたような状況で、米沢に戻らざるを得なくなった。ただし、それでも米沢の領地は72万石ととても大きいわけですが。

これまでも何度か述べてきましたが、それから会津には蒲生氏郷が入ってきます。でも政宗は、会津を取り戻したくて仕方がないわけです。秀吉の家来になった以上、表立って会津を攻めるわけにはいかないから、あの手この手で裏から手を回し、陰謀を企みます。

しかし氏郷は非常に優秀な武将なので、陰謀をことごとく潰していきます。しかも政宗の陰謀を裏付ける証拠の書状まで入手され、「伊達政宗に不穏な動きあり」と秀吉のところに使いを出されてしまいました。

それで真偽を問いただすべく、秀吉は政宗を京都へと召喚します。このときもまた、政宗は十字架を背負って京都の街を練り歩くパフォーマンスをしたとの伝説を残していますが、こちらもどこまで本当かはわかりません。

とにもかくにも政宗は秀吉から詰問されました。「蒲生氏郷を襲え」と書いた手紙があり、そこに鳥のセキレイを模した伊達政宗の花押が押されていたのです。

「これはおまえの書いたものだな」と、秀吉から問われた政宗は「こういうこともあろうかと、本物の花押には、鳥の目のところに針の穴を開けてあります」と答えました。「こちらです」と見せると、確かに政宗の花押には小さな穴が開いているではありませんか。政宗が「殿下のお持ちのものに穴が開いているでしょうか」と確認すれば、届けられた書状には穴が開いていない。つまりそれは偽物です、ということで無罪になる。

いやいや、そんなわけないですよね。陰謀を企むような政宗のこと、わざわざ穴を開けた花押を用意していたに決まっています。秀吉だって騙されるわけもないのですが、遠い米沢から京都まで召喚したことを含めて、今後は陰謀を慎めよ、と戒めたのでしょう。

今回もなんとか言い訳をして乗り切った政宗ですが、悲しいことに72万石の領地は削られ、58万石になってしまいました。しかも米沢から、今度は太平洋側に移されてしまう。当時は交易の盛んな日本海側が一等地で、太平洋側は田舎ですから、さらに条件の悪いところに移されたわけです。岩出山に新しく本拠地を作ることになったため、お金もかかり、伊達家は大変な思いをすることになりました。

すったもんだを経て、ようやく豊臣政権下では58万石に落ち着きつつあった政宗ですが、今度は豊臣秀次が殺されてしまいます。そして政宗は彼と親しかったということで、また必死になって弁解することになりました。

秀吉に秀次との関係を詰問されると「人を見極める眼力が優れていると言われる殿下でさえ、秀次殿のことを見誤っていました。であれば私ごときが見誤っても仕方がございません」と、これも苦しい弁明をして助かったと伝えられている。このときは、領地は削られずに済みました。まさにPR力の賜物でしょう。

口先三寸も使い方次第

さて、その秀吉が亡くなり、いよいよ関ヶ原です。

関ヶ原にそなえて徳川家康は政宗へ、自分の味方について軍事行動を起こせば領地を与えると約束します。その書状は今も残っています。その書状に100万石とは書かれていないものの、約束された土地の名前が書かれ、それらを合わせると確かに100万石になる。

ずっと秀吉に煮え湯を飲まされてきた政宗としては大チャンスで、ここで東軍のために働いて見せるべきだった。ところが彼は、はっきりとは動きませんでした。

徳川軍が引き返したことで、上杉は北の最上を攻め始めていました。であれば、東軍の政宗は、その上杉を攻めるべきだったでしょう。しかも山形の最上は、政宗にとって自分の母親の兄で、伯父に当たります。上杉を攻撃する大義名分は十分にあった。しかしそれでも動かない。

今の仙台市街の北側にある北目《きため》城を前線基地にしたのですが、伊達軍はそこから動きませんでした。言い訳程度に、白石城という城を落としただけ。はかばかしい動きは見せないまま、関ヶ原は終わってしまいます。

戦いが終わったのち、政宗は「東軍のために戦ったので領地を増やしてください」と願ったのですが、家康は「いや、おまえはなにもやってないだろう」と冷たい。それでも白石城2万石と、その必死さに免じてもう2万石くれた。

しかし政宗にしてみれば「たったの4万石かよ。100万石にしてくれるという約束だったじゃないか」と未練たらたら。その未練が今も残るのか、仙台市が運営する仙台市博物館に行くと、その100万石のお墨付きがもっとも目立つところに「伊達家はだまされた被害者です」という勢いで置かれています。

しかしこれはどう考えても政宗が悪い。実は、石田三成が関ヶ原の前夜、真田に出した書状には「徳川家康は江戸を動くことができないはず。その背後を上杉と佐竹、そして伊達が突く手はずになっているからだ」とまで書かれているのです。

もしかするとそれは、真田を味方に付けるためのウソだったのかもしれませんが、この手紙では伊達が西軍だったことになる。政宗のこと、もしかすると西につく動きも実際に見せていたのかもしれない。このあたりの振る舞いも彼らしく不明瞭です。

少なくとも態度を決めかねていて、一気に勝負に出ることはしなかった。「伊達家は地方の大名で、中央の状況がよくわからなかった」と思えば、同情するべきところもありますが、それも含めて政宗の失敗でした。

徳川家康には「口だけの男」という正体がバレていたと思いますが、家康も死に、それも二代、三代の時代になると、戦国を知る大名の生き残りは減っていく。70歳近くまで生きた政宗は「私の若いころは」という感じで武勇伝を秀忠や家光に吹聴し、みんなころりと騙されて、すっかり彼のことがお気に入りに。特に家光は「仙台のじい」と呼んで引き立てていたそうです。

よく言えばPR力、悪く言うと口先三寸で伊達家の基礎を固めた男、それが伊達政宗。関ヶ原で勝負に出ず、100万石を得られなかったことが彼の最大の失敗かもしれませんが、秀でたパフォーマンス力で伊達家を存続させたという事実も、それはそれとして認めるべき功績なのかもしれません。

毛利輝元の失敗

輝元につきまとう陰湿さ

毛利輝元は、あまり尊敬できる人ではなかったと僕は思っています。「それは個人的な感想だろう。客観的なエビデンスを出せ」と言われそうですが、ひとつの傍証として、大坂の陣のときに彼が下した、ある密命を挙げたいと思います。

徳川方についた輝元は、父方でも母方でも、従兄弟にあたる濃い血縁者の内藤元盛に密命を下し、大坂城に入り、豊臣方として戦うように命じました。つまり敵方です。実際、元盛は兵糧米をたくさん持たせてもらい、名前を佐野道可とあらためて大坂城で戦いました。

輝元は、万が一もし大坂城が落ちなかったときに、それに備えようと考えていたのです。確かに当時の徳川家康は75歳。現代なら、100歳ぐらいに該当するようなご高齢で、いつ亡くなってもおかしくない。そして亡くなれば、まだ世の中どう転ぶかわからない。もしかすれば大坂が勝つ可能性もある。

そのとき、自分の代理のようにして内藤元盛が大坂城に入っていれば「毛利家も豊臣家のために戦っていました」と主張することができるかもしれない。

しかし実際は、ご存じのように大坂城は落ちてしまいました。そして元盛は生き残ったのですが、輝元は彼に腹を切らせる。さらにひどいことには彼のふたりの息子にまで切腹させている。口を封じたのですね。なお内藤家の名誉が回復されるのは輝元がなくなったのち、ようやく100年ぐらい経ってからでした。

先が見えなかった当時、「大坂が勝つ可能性にも配慮しておく」という策自体はあってよかったかもしれません。しかし、それにしても自分の命令に従った家来を殺してしまうのはどうか。もし輝元の一存ではなく、周囲の家臣たちの意見で殺したのだとしても、ひどい殿様だったと感じてしまいます。

伊達政宗の失敗などにはまだ明るいところがある。しかし輝元の場合は、なにかと陰湿な印象がつきまといます。

吉川広家に救われた毛利家

輝元は幼いときに父の隆元を亡くしました。最初のころは、祖父の毛利元就が後見人につき、後に叔父の吉川元春、小早川隆景が彼を補佐します。当時の世の中を考えると、甥を抹殺して叔父が跡目を継ごうとする、なんて場面が見られそうですが、そんなことはせず、しっかりと補佐役に徹してくれました。

ただ輝元は、それほど利発ではなかったらしい。叔父さんたちふたりは、人前では家来としての振る舞いを崩さなかったのですが、人が見ていないところで、できが悪い甥に遠慮なく鉄拳制裁を行って教育、指導をしていたらしいです。

毛利元就という英雄の孫として生まれながら、幼いころからそのように育てられてきた輝元。結果として、輝元は「自分がひとかどの存在であることを証明したい」という欲望を持つようになっていたのかもしれません。

だから関ヶ原のときも、豊臣秀頼の後見人になってくれと頼まれて、うかうかと引き受けてしまう。それで実際に西軍の総大将というポジションにつき、大坂城に入った。この経緯には、輝元を補佐していた安国寺恵瓊《あんこくじえけい》という僧侶が大きな役割を果たしたと言われています。

安国寺恵瓊は毛利の外交僧を務めていて、伊予国で6万石をもらっていました。彼は「毛利家は西軍につくべき」と考えていたのです。

しかし、それを聞いて顔を青くしたのが吉川広家《きっかわひろいえ》です。彼は吉川元春の後継者で、輝元とは従兄弟ということになります。

広家は、東軍が絶対に勝つと考えていた。ところが輝元は西軍の中心人物になってしまう。「殿はなにをやっているんだ」と思った広家は、こっそり徳川家康と連絡をとる。そして「西軍には参加しましたが、関ヶ原では絶対に徳川相手に戦いません」と弁明しておき、実際、関ヶ原ではまったく動かなかった。そして西軍は敗北します。

後から人の行動をあれこれ言うのは簡単で、だったらおまえがやってみろ、という話でもあるのですが、僕は輝元に、自分の意志はどこにあるのかと感じてしまう。

そもそも輝元は、一度は徳川を倒すと決断して大坂城に入ったわけです。それにもかかわらず、戦っていない。実際にはなにもしなかった。さらに言えば「関ヶ原の戦い」で西軍は敗れますが、毛利はまったく戦っていないので、一兵も傷ついていない。2万とも3万とも言われた毛利軍は健在なのです。

もしその毛利軍が大坂城で籠城戦を行っていれば、事態はどうなったでしょうか。石田三成の命令で大津城攻略に赴き、関ヶ原に参戦できなかった立花宗茂らも戻ってきて、「自分たちはまだ負けていない。籠城しましょう」と主張していた。籠城する覚悟を決めていたら、西軍の残存勢力も入城し、5万、6万の兵が簡単に集まったことでしょう。

しかも大坂城には豊臣秀頼がいた。彼を奉じて戦うことになったなら、どれだけの大名が攻撃できたでしょうか。たしかに徳川家康は攻撃したかもしれない。しかし、関ヶ原では家康に味方していたとしても、過去に豊臣秀吉に取り立ててもらった、いわゆる豊臣恩顧の大名たちが、秀頼に向かって鉄砲を撃つことができたのか。生え抜き中の生え抜きだった福島正則あたりは難しい気がします。そうなれば勝負はどうなるかわからない。

明確な指揮系統がなかった、その後の「大坂冬の陣」のときでさえ、大坂城に集まった浪人たちはがんばることができた。それがもし関ヶ原の時点で、毛利の指揮系統に一本化できていれば、かなりいい戦いができたかもしれない。そしてその状況は全国の大名が見守っている。大坂城が長く持ちこたえられれば、次第に豊臣に味方する大名が出てきた可能性もあったでしょう。

しかしそんな戦略構想を、輝元が考えることはなかった。理解する能力もなかったのかもしれません。やはり彼は、世の中の動きを見通せる人物ではなかったのだと思います。

あらためて歴史を追うと、関ヶ原直後、籠城戦をするかどうかを悩む大坂城の輝元の元に、黒田長政と福島正則からの連名の手紙が届けられました。そこには「家康殿は、決して輝元殿のことをおろそかにはしません」といったことが書いてあった。その手紙は、現存しているのですが、その内容を輝元は自分に都合よく読み替えてしまう。

黒田、福島に「仲立ちありがとう」と礼を述べたのち、輝元は「徳川内府が毛利家の領地に一切手をつけないと言ってくれたことに、大変感謝する」と答えた。それを約束していただいたからにはと、さっさと大坂城を明け渡してしまいます。

しかし文書には、家康が毛利領に手をつけないなどとは一言も書いていない。派遣された使者が、口頭でそうしたことを匂わせたのかもしれませんが、それでは後日の証拠にならないということは、乱世を生きる大名なら、なおさら心得ていたことでしょう。しかしまんまと輝元は乗ってしまう。

その後、家康は大坂城に乗り込み、秀頼を押さえます。これでチェックメイト。案の定、徳川に歯向かったということで毛利の領地は没収。輝元は切腹を言い渡されることになりました。

その知らせを黒田長政から受け取った吉川広家は、「それでは話が違う」と仰天します。

長政からの手紙には「大坂城から、輝元殿が徳川様を討とうとした証拠がたくさん出てきた。だから輝元殿は切腹となります」と記されていた。なお長政はこの段階で、既に徳川家康を「様呼び」しています。ただし広家自身については、関ヶ原で兵を動かさなかった功績を評価され、中国地方で1カ国か2カ国が与えられるだろうと伝えられました。

しかしそれでは広家の立場がない。彼としてはあくまで毛利本家を救うために家康と連絡をとったのであって、本家が滅んで彼だけ領地をもらうと、裏切り者になってしまう。必死で嘆願活動を行い、結局、広家に与えられるはずだった周防国と長門国を、毛利本家の領地にすることにして話がついたのです。

上司より優秀な部下もいる

結局、吉川広家は道化だったのでしょうか。連絡をとったのをいいことに、家康サイドに利用され、それで関ヶ原の行方まで左右してしまったのでしょうか。

しかし広家は、かつての朝鮮出兵のときにも大活躍した相当に優秀な人物でした。その広家だけに一方的に踊らされた、ということはなかった気がします。

もともと吉川家は、黒田家と縁が深かった家柄。長政の父親はあの黒田官兵衛ですが、その官兵衛は、関ヶ原前夜、広家に「我々の友情は、どう世の中が変わっても変わらない」ということを、書き送っています。

手紙をやりとりしていた当時の広家は毛利120万石の家老で、分家の当主です。尼子の城として有名だった月山富田城《がっさんとだ》で10万石強の領地を持つ大名でもありました。

一方の黒田は、福沢諭吉がのちに出たことで知られる中津（今の大分県中津市）で17万石ぐらいの領地を持っていました。もちろん黒田は豊臣の直臣で、吉川は毛利の家臣ですから立場は違いますが、石高はそれほど変わらない。また官兵衛は、毛利攻めのころから吉川元春と関係が深く、年齢はだいぶ離れていますが、その息子の広家とも友だちづきあいをしていました。

しかしひとつの考え方として、知略に優れた官兵衛のこと、広家との関係を利用し、その手紙の段階から既に罠を張っていたという事実もありえます。そして官兵衛と長政の親子ふたりがかりで広家をだまし、毛利の動きを封じた、なんて可能性もありそうです。

しかし僕は、両家の友情は真実だったのではないかと思います。もし、官兵衛と長政が広家をだまし、約束を反故にして毛利の領地を削ってしまえば、広家は黒田とは絶交していたと思うからです。

しかし江戸時代になっても両家は仲よくつき合っています。関ヶ原後、広家は岩国で3万石、黒田家は52万石という大大名となり、立場は大きく変わってしまいますが、それでも官兵衛が亡くなったときには、吉川から丁重な使いが行き、吉川広家が亡くなると、今度は長政が使者を派遣してお悔やみを述べる。そうした親密なやり取りが両家の間では続いていきました。

やはり黒田と吉川の親しい間柄は本物だったのでしょう。僕自身、当時の手紙のやりとりを読んだのですが、関ヶ原の前夜、黒田官兵衛は広家に、「徳川家康に逆らうべきではない。背けば毛利家はつぶされる」と一所懸命書き送っています。広家は広家で、「しかし輝元は西軍の総大将となり、大坂城に入っている。もうこの流れを変えることはできない。どうするべきか」と相談していた。

それで「決戦で毛利家は戦いません。それは約束するので家だけは残してください」というギリギリの交渉があり、実際に毛利は動かなかった。

しかし先述した通りですが、戦後広家の忠義は認められたものの、毛利家の領地は没収、輝元には切腹が言い渡されてしまう。そこでまた広家による必死の嘆願と、黒田を仲介とした交渉があり、その功績と引き換えにするかたちでようやく輝元は生き残ることができた。

これがやはり全体の筋だったと僕はとらえています。

となると、無能無策だったのはやはり輝元で、広家はその不始末を必死になって挽回し、本家を救おうとした。そうした構図が浮かんできます。

なお最初に述べた、大坂の陣のときに輝元が下した密命ですが、広家には内緒にしていたようです。後々知った広家は、殿は何度道を誤れば気が済むのか、と激怒し、それ以後、本家のほうには顔を出さなくなったとか。

毛利家のトップである輝元は、残念ながら歴史を作るような器ではなかったし、そもそも世の中を見通せる能力もなかった。それなのに、余計な動きについては積極的に行い、むしろ家そのものが取り潰されるほどの大ピンチを招いた。それこそが彼の失敗でしたが、広家という優秀な部下の頑張りにより、なんとかギリギリのところで助かった。

そう聞くと、どこか今の世の中でもありそうなお話ではあります。

ラクレとは…la clef=フランス語で「鍵」の意味です。
情報が氾濫するいま、時代を読み解き指針を示す
「知識の鍵」を提供します。

中公新書ラクレ
719

「失敗《しっぱい》」の日本史《にほんし》

2021年3月10日初版
2021年8月15日4版

著者……本郷和人《ほんごうかずと》

発行者……松田陽三
発行所……中央公論新社
〒100-8152 東京都千代田区大手町1-7-1
電話……販売 03-5299-1730　編集 03-5299-1870
URL http://www.chuko.co.jp/

本文印刷……三晃印刷
カバー印刷……大熊整美堂
製本……小泉製本

Published by CHUOKORON-SHINSHA, INC.
Printed in Japan ISBN978-4-12-150719-8 C1221

中公新書ラクレ　好評既刊

L630
上皇の日本史
本郷和人 著

外国では、退位した王・皇帝に特別な呼称はない。いったん退位すれば、その権威・権力はすべて次の王・皇帝に引き継がれるからである。ところが日本では、退位した天皇は「上皇」と呼ばれ、ときに政治の実権を掌握してきた。では「上皇」とは、どのような存在なのか？　二百年ぶりの天皇の譲位、上皇の登場を機に、上皇の歴史を辿り、現代における天皇・皇室、そして日本と日本人を考えるための視座を提示する。

L709
ゲンロン戦記
――「知の観客」をつくる
東　浩紀 著

「数」の論理と資本主義が支配するこの残酷な世界で、人間が自由であることは可能なのか？「観客」「誤配」という言葉で武装し、大資本の罠、敵／味方の分断にあらがう、東浩紀の「生き延び」の思想。哲学とサブカルを縦横に論じた時代の寵児は、２０１０年、新たな知的空間の構築を目指して「ゲンロン」を立ち上げ、戦端を開く。いっけん華々しい戦績の裏にあったのは、予期せぬ失敗の連続だった。ゲンロン10年をつづるスリル満点の物語。

L713
動物園・その歴史と冒険
溝井裕一 著

人間の野望が渦巻く「夢の世界」へようこそ。動物園は、18世紀末のヨーロッパに誕生した。しかし珍種を集めて展示する「動物コレクション」は、メソポタミア文明に遡るほどの歴史をもつ。近代に入ると、西洋列強は動物を競って収集。果ては「恐竜」の捕獲や絶滅動物の復元計画も登場。異国風建築から、パノラマ、サファリ・パークやテーマ・ズー、ランドスケープ・イマージョンまでのデザインの変遷を辿り、動物園全史と驚異の冒険譚を描き出す。